生死傷痕

你我還沒
說　再見

獻給我的媽媽——李舜芳女士，

紀念我們四十二年的母女情。

真情推薦

依姓氏筆畫排序

丁宥允（癒光之境創辦人）

吳庶深（國立臺北健康護理大學教授）

李玉嬋（臺灣諮商心理學會理事長）

林綺雲（國立臺北健康護理大學教授）

陳秀丹（陽明大學附設醫院醫師）

張正昌（台灣圓夢協會常務理事）

許禮安（高雄市張啓華文化藝術基金會執行長）

曾陽晴（中原大學教授、知名作家、主持人）

黃信得（天母康健身心診所院長）

黃　軒（臺中慈濟醫院預防醫學中心副主任）

賴宇凡（美國心理諮商師）

葉北辰（基隆長庚醫院癌症中心諮商心理師）

楊育正（台灣安寧照顧基金會董事長）

推薦序

讓傷痕成為生命成長的印記

林綺雲

（國立台北護理健康大學生死與健康心理諮商系教授）

時間，無論多長多短，人與人之間若無任何連結或互動，它將是空洞虛無，只是一個數字。認識芯秦，超過二十五年，中間發生很多事，在時間流的載浮載沉中我們彼此陪伴、扶持與成長。

我從未見過芯秦的姐姐，但是因著她的自殺，讓我和芯秦從此展開關懷自殺現象之旅，尋找自殺謎的答案，她們姊妹是同時引領我踏進自殺學領域的「啟蒙老師」。二十五年來，看著受苦的芯秦成長，大學時代的她就具有比同期同學的早熟，研究所的學習讓她得以理解姊姊與自己的生命樣貌，自殺防治工作讓她找到部分的受苦意義，結婚生女則讓她得以重生。一路走來，在《我是自殺者遺族》一書替她自己也替其他遺族們表達時好時壞的起伏心境，一如她的碩士論文，一手好文采總是如此貼切地表達了她的所思所行，句句傳神，常被引用。

這本書，芯秦延伸觸角到後來的生活層面，寫到人工生殖的經驗以及媽媽的臨終、插管與死亡等，也讓人十分有感。日前我們一起回憶呂媽媽時，我問到媽媽的年齡……只大我一歲。

死亡如此靠近。韓劇「燦爛的守護神—鬼怪」的陰間使者就曾說：「不要自己尋死，死亡會主動找上你」。

我的大姨，八十歲過世。晚年因為糖尿病，每天早上服用降血糖藥。過世前身體不錯，重視養生，看病也只是一般診所。某一天早上尚未進食就服用藥物導致血糖過低抽搐，送到當地最大醫院之後，很快就被要求插管（呼吸器）急救。插管一個多月，並未救回。

在這個強調生命自主權的時代，聽多了插管事件的故事。了解脈絡之後，我認為在急救現場要「決定放棄急救」或「可以放棄急救」顯然是個迷思。最簡單的原因是做決定的人或家屬都沒有死亡準備，也不認為就是「此時此刻」即將面對或決定家人的「不呼吸」或死亡，救與不救的這一刻，怎麼可能決定不救或不插管？

事實是，無論我們決定做或不做甚麼，無論死亡原因是甚麼，我們都會陷入「做得不對或不好」的自責，總會留下遺憾、傷痕。感謝佩怡老師，透過悲傷療癒卡讓芯秦對自己的內心世界有更多的看見與解讀，能與失落悲傷共處，讓傷痕成為生命故事的印記，經常懷想思念，成為濃淡甜苦人生成長的養分。

成立系所十八年，當初無法想像它會變成今天的樣貌——一個臨終照顧、生死教育、悲傷輔導與自殺防治的學術平台，領域愈來愈廣，加入這個行列的教師與學生也愈來愈多。教育與輔導工作使我們這一群人的生命基調愈來愈相似，我相信透過寫作分享生命經驗，能影響更多的人，祝福芯秦，也祝福所有讀者。

丁宥允　（癒光之境創辦人／癒心鄉心理諮商中心諮商心理師＆督導）

認識芯秦是我離開職場重返校園念研究所的那一年，這個專門探討生死與悲傷的研究所聚集了走在各種生死悲傷療癒道途中的人，這本書紀錄芯秦走在這療癒道途的重要風景，從低谷到高山，從荒漠到草原，雨雪化為兩條穿越臉頰的河川，月光映照著眼底深邃大海，在字裡行間，芯秦讓我再次領略呼吸之間無限延伸的愛。

吳庶深　（國立臺北健康護理大學生死與健康心理諮商系教授）

雨過天晴

人生有愛就有痛，面對摯愛親友的離去，總是令人感到不捨與難過。尤其自殺遺屬的悲傷是深刻及痛苦的，不僅受到社會的異樣眼光對待，甚至被剝奪了表達悲傷的權利。自殺遺屬該如何抒發內心被壓抑的傷痛？

家人面對長者臨終的過程，內心感到煎熬，希望長者能夠在安詳平靜中度過最後的時光，免受痛苦及插管的折磨，如何確保長者善終的權利，讓他們有尊嚴的踏向人生另一段旅程？

悲傷是帖苦口良藥，助人者如何透過創意的方法，幫助失落者經過心碎洗禮後，找到療癒的力量，繼續往前走，並且能夠用餘生去愛？

本書對於上述的三個問題，本書的三位作者從自殺者遺屬、精神科醫師及心理諮商師的角度，提供了深入的討論，並透過個案的經驗與分享，幫助我們在黑暗中找到光明的力量，最後讓我們有新的體會與學習：「整個人生就是一種放下，然而，傷害最大是竟然沒有停下片刻來說再見。」——《少年Pi的奇幻漂流》

李玉嬋（臺灣諮商心理學會理事長／國立臺北護理健康大學 人類發展與健康學院院長）

《生死傷痕》的印記從來不只一道，紀錄傷痕累累的心情故事，也是書寫療癒的過程；開啟療傷對話的可能，更是修復傷痕的契機。閱讀生死傷痕的點點滴滴，或許能看見悲傷所能醞釀的生命厚度與溫度。

張正昌（台灣圓夢協會常務理事／台灣失落關懷與諮商協會理事）

「綠水本無憂，因風皺面；青山原不老，為雪白頭。」

每個喪親者背後都有其獨特的生命刻痕，作者歷經姊姊自殺與母親驟逝重大失落的沉痛過往，其血淚糾結與和解掙扎自不待言。而自殺者遺族從喪慟、修復至療癒，其間歷程也往往走得艱辛孤獨。本書除了作者自身的生命故事，更有專家設計悲傷療癒卡的實作應用，對上述家屬及相關人員實在是陪伴撫慰的最佳正能量。

黃信得（天母康健身心診所院長／第26屆杏林獎得主）

願生死兩安無憾

自古無論是通達天文事理的聖賢豪傑、或曾是叱吒歷史風雲的君王將相，在面對死亡的一刻，即或才高八斗或是豐功偉業，都只有俯首臣服。本身是醫護人員出身的作者芯秦，生命在她乍逢親姊姊輕生、成為一個自殺者遺族時變得深邃豐厚，她將自殺遺族家屬心中彷彿自己已經死去千萬次的痛苦，轉化成學習專業心理諮商的熱情、並投入國內首屈一指醫院的自殺防治中心的規劃業務，使自己成為自殺者遺族的最佳輔導員。

上天似乎給芯秦的考驗都是攸關生死的學分，這次一是親愛的母親，突然慢性病惡化，直接進入加護病房，短短六天內竟猝然而逝；另一次竟然是自己也住進了加護病房，飽受在死亡邊緣的煎熬，這樣的經歷刻骨而銘心，也是命運再一次藉著失落的功課，讓她生命再一次豐盛發熱，藉著既犀利又有溫度筆觸，讓我們在生死這一刻，得著智慧的心。

賴宇凡

（美國心理諮商師／美國富爾布萊特學者（Fulbright Fellow））

自殺，是社會忌諱的話題，但是，它所波及的家人與親友所產生的痛苦，並不會因為我們不討論這個話題，而有所減輕。這就是為什麼《生死傷痕》這本書如此的重要，希望它能揭開自殺者遺留下來親友所經歷的心路歷程，帶動大家對這個議題的討論，給痛苦情緒創建一個出口。

葉北辰

（基隆長庚醫院情人湖院區癌症中心 諮商心理師）

悲傷輔導大師R.A. Neimeyer曾經說過「All changes invovle loss, just as all losses require change」。這句話要強調的是，任何生命中的改變，都一定參與了失落的成分，而人們面對生命中的失落，也都需要相應地做出改變，來面對和調適生命中的種種失去。作者呂芯秦從自己的生命故事：姊姊自殺、不孕／喪女／迎接新生兒、母親加護病房的病危通知、自己生病失去健康……等，讓讀者能夠一窺面對生命中重大失落與改變調適的歷程。另一位作者李佩怡老師，簡介了其團隊創作的悲傷療癒卡，並記錄該卡片應用在呂芯秦生命故事的一段諮商內容，透過圖像繞過大頭腦的過度理智，來呈現悲傷不見得需要被治癒或消除，不一定要正向或堅強，傷痕的修復往往來自於個人的覺察與自我接納。最後，第三位作者方俊凱醫師則藉由個案的多元故事，來佐證生命中的失落實為常態，面對生命中的無常，一般人又該做好哪些心理準備。這本書適合所有想要了解失落悲傷的讀者，誠摯地推薦給大家！

（馬偕紀念醫院婦癌科醫師／台灣安寧照顧基金會董事長）

楊育正

媽媽病重的日子，我即便身為安寧照顧基金會董事長，也常在選擇醫療之際猶豫不決，並留有哀傷。達文西說：我以為我在學習生活，原來不是，我是在學習面對死亡。此書從記錄作者自己的經歷開始，最後分享傷口的修復，包括訴說故事和療傷對話，以及從專業的視角俯視，讓讀者可以如身歷其境，體驗如何陪伴、面對，並感受溫暖。

陳秀丹

（臺灣安寧緩和醫學會理事／陽明大學附設醫院醫師）

生老病死，人生必經，轉念放下，快樂自然來

推動急重症安寧療護，推廣善生善終理念

世間無常，如果每天我們都懷抱著無常的心，認真活在當下，當面對突如其來的變故，內心所受的衝擊相信可以獲得緩衝，甚至少一些。

做為一位重症醫師，每天面對病人的死亡，看到也聽到許多有關死亡的不可思議案例。有的人死得很安詳，家屬雖然不捨，但也相對安心；有的人死得很不甘願，相信家屬內心也不會太平靜。感恩老天，我父母親用死亡引導我建立生命中很重要的信念，也就是接受無常與感恩放下。十九年前九二一大地震的前幾天，我母親突然昏迷，送醫後發現她腦內大量出血，我選擇放手，沒有讓她接受手術等無效的醫療，當天就將她送回臺北的家，次日母親在家安詳往生。第三天，母親托夢給父親，說她陽壽已盡，已到達阿彌陀佛世界，叫我們不必擔心。三年後的某天晚上，我下班回到家，父親叫我到他房間，他很嚴肅的告訴我三天後他就要死了，因為佛祖要來接他了。我請父親多活久一點，多陪我們一點，父親卻說這次不能再延期，因為已經和人家約好了。父親交待完後事，就像洩了氣的皮球，很快的癱軟下來，真的很難想像兩三小時前，他還聲音宏亮的和我小哥聊天。當天晚上送父親就

醫，第二天早上他說要多活一天。因病情急速惡化，我們讓父親回家度過生命中的最後一天一夜，真的就如他所預言的多活一天的那天在家中往生。

和本書的作者芯秦相比，我幸福多了。正因為生長環境與經歷的不同，對死亡的認知，悲傷的處理方式也不盡相同。面對人生很重要的失落，像親人的死亡，悲傷是一定會有的，幾年的痛也是免不了的。在特殊的環境與情境下，哭也是很正常的。當想念父母時，我會告訴自己，老人家此刻正在天上快樂的過生活，他們也會看著我，而他們的愛永遠活在我心中。時間是悲傷最好的療癒者，時間到了，痛就少多了。

每個人都要為自己的行為負責，包括自殺者。自殺讓親人痛苦不堪，我深信自殺的人一定很痛苦也很懊惱，但周邊的人真的很難阻止自殺的發生。做為自殺者遺族，不必為自殺者的死亡太過自責，因為自殺是他（她）自己決定的事。而此刻，他們也在天上看著活著的家人，他（她）一定也捨不得家人痛苦呀！何不告訴自己，放下過去他（她）在人間的不如意，將他（她）先前沒得到的快樂，我來幫他（她）完成快樂這件事。

每個人來到世間都是註定和人家走一段路，而不是全程陪伴。珍惜每一次的相遇，當分手時，就不會有太多的自責。如果分離，就給予祝福，包括死亡。對慢性病纏身或重症末期病人而言，死亡是一種苦難的解脫；對慢慢老去的人而言，死亡是很自然的事。死亡是老天給人的一份禮物，讓生命更圓滿。透過近距離的接觸死亡，讓活著的人更懂得珍惜目前所擁有的一切、更懂得做人處世的道理。死亡最深層的意義就是要讓活著的人活得更好。

透過生命教育、宗教力量、藝術、音樂、運動、打坐……等，可以提昇靈性的成長，讓人更正向的看待生老病死，面對悲傷。因為有愛，讓我們超越時空；有愛不一定要悲傷，因為，在遙遠的天際，我們終將相遇。

許禮安

（高雄市張啓華文化藝術基金會執行長／衛生福利部屏東醫院家醫科兼任主治醫師）

悲傷是生離死別刻畫的身心傷痕

一般人安慰別人：「你要趕快走出悲傷。」就是個天大的錯誤！悲傷永遠走不出來，因為世界已經不一樣！原來那個「正常」的世界「再也回不去了」，因為「無常」總是如影隨形。安寧療護強調「尊重自主權與個別差異」，我可以常常哭，慢慢悲傷，你沒資格要我趕快。而且「未完成的悲傷」會一直累積，因為生離死別在每個人的生命中必然一再發生。

「壓垮駱駝的最後一根稻草」，問題絕對不是只有出在那根稻草，前面累積的生命經驗，決定我們最後呈現的身心反應。我常說：「要哭得出來才有救，如果哭不出來，那就沒救了。」只要是人，就應該有血有淚、會悲傷會哭泣。哭不出來就會是「一二三木頭人」，到死都只是一塊木頭，哭得出來至少還算是個人。我說：「敢哭敢笑才是真人，一般人都在演假人，在別人面前只敢假笑不敢真哭。」

我在高雄市張啓華文化藝術基金會擔任執行長，十年來幾乎每個月舉辦「安寧療護與生死學」相關的讀書會，其中一本書是《成年孤兒》。我說：「不只有小孩父母雙亡才叫孤兒，所有的大人總有一天會活到父母雙亡而成為孤兒，然後繼續孤單的活在世界上。唯一不成為孤兒的方法，就是你比父母早死，但這樣對父母太殘忍，所以每個人都要努力活到面對父母雙亡的必然結局。」

我一直討厭「悲傷輔導」的專業字眼，「有問題」才需要「輔導」，「悲傷輔導」在指對方的「悲傷有問題」。可是，通常我們會悲傷只是因為運氣不好，遇上誰都想要、但卻是命中注定的生離死別。我的恩師余德慧教授說：「家破人亡」是人生的定局，但是我們把「家破人亡」想得太悲慘，所有人必然都會有悲慘的結局。因此，我一向只敢說：大家應該學習「悲傷關懷與心理陪伴」。

阿吉仔唱：「我比別人卡認真，我比別人卡打拚，為什麼為什麼比別人卡歹命？（台語）」我說：「不論命運好壞，都要照單全收。」基督信仰稱為「臣服」。你要問：「為什麼老天爺這樣對我？」很抱歉，命運總是「天不從人願」。例如：「少子化」年代，不少人想生卻不孕，有些人不想生或養不起，卻偏偏很會生，然後再棄嬰。我只能說：生命經常沒有答案，或，生命不只一個答案！

我很久以來想破頭，到現在得不到答案：為什麼有些人身體還可以，腦袋卻不想活下去？我從事安寧療護工作二十多年，末期病人腦袋想活，身體卻垮掉而活不了，自殺者通常身體還可以，腦袋卻不願意活下去。我突發奇想開玩笑：「假如身體可以交換，讓末期病人帶著還可以的身體活下去，讓自殺者帶著末期的身體去死，這樣不就兩全其美？」對於自殺，我一直都還帶著疑問，不敢有定論。

朋友懷孕將足月卻胎死腹中，因家屬和醫護人員的「善意」，讓產婦見不到胎兒最後一面，因此陷入漫長的悲傷。有學員親人傳染「嚴重急性呼吸道症候群」（SARS），死後直接火化，一直懷疑親人沒死，可能被中央情報局派去大陸出任務，像「〇〇七電影」那樣。有學員的親人在八八水災罹難，家人覺得他應該有逃出去，只是不想回到這個可怕的世界。因為「活要見人，死要見屍」。

我和黃勝堅醫師與柯文哲醫師一起吃過飯，我說：「你們不要一直來安寧年會講急重症安寧療護，要去急重症加護醫學會，跟急診和加護病房的主治醫師們講，因為那些醫師不放手，我們安寧專科醫師不能撈過界去要病人。」我不只贊同書中所寫的：「加護病房和急診可以對急重症病人再更安寧一點點」，我還認為：安寧療護不應侷限於醫療專業，必須外展到「親子教育」、「樂齡大學」和社會教育。

對於插管和拔管的倫理思考，一般人的態度不合邏輯：「雖然不能治病救命，但既然已經插了，就只能插到死為止。」我覺得：不管是自殺、生產或急救，都必須對當事人和家屬再更安寧一點點。我希望：「一人得善終，全家可善生」。我在臉書上認識「呂欣芹」，感謝芯秦邀我為她身心創痛的結晶《生死傷痕》寫推薦序，對於生離死別的悲傷，我希望大眾能有更多的思考，畢竟這是我們的共命。

自序

十年蹤跡十年心

呂芯秦

《生死傷痕》是台灣第一本從家屬的立場述說的加護病房心情故事。二〇〇八年我和方俊凱醫師撰寫《我是自殺者遺族》至今剛好十年整。隔年我結婚，再過一年，我的孩子—試管寶寶誕生了。這段過程，我有新的功課；不同的失落，不孕症還有失去胎兒的難受。即便如此，抱著女兒，我感覺很完整。那是我自姊姊自殺後，恢復到讓自己最滿意的時刻。

我過了八年幸福快樂、無憂無慮的生活。大概是因為日子過得太美滿了，當悲傷來臨，好容易就被完全摧毀。二〇一六年二月，媽媽覺得胸悶、呼吸喘，自己走上救護車就再也沒有回家。生命的最後七天六夜，在加護病房結束。

後來我生病，出現嚴重的腎病症候群，治療之後外貌毀容般的改變、皮膚萎縮，依然沒有治癒的可能。憤怒和沮喪都曾有過，也未曾走遠。在心裡、在身上留下一條條怵目驚心的傷痕，老公卻說：「你看那麼多人愛穿豹紋追求時尚，妳不需要，自帶老虎斑紋。」好吧，既然傷痕抹不掉，那麼我就當一隻帶著生死傷痕的美麗母老虎吧！

《生死傷痕》共分三章，第一章是我紀錄媽媽在加護病房，生命最後七天的經歷，第二章由李佩怡教授和方俊凱醫師撰寫傷痕修復師，介紹悲傷療癒卡、分享療傷的對話還有醫療現場的故事和專業視角。第三章是關於姐姐自殺以及我的碩士論文《自殺者遺族悲傷調適之模式》分享。其他還有復原過程中，我經驗到的生之傷痕，包含不孕、試管療程和腎臟病。

作者我和方醫師是研究所同學，李佩怡教授是我們的老師。此外，我們三人都是台灣失落關懷與諮商協會的理事，至今十餘年有許多關乎生死、失落與悲傷的討論。

佩怡老師關懷悲傷的執著和慈悲柔軟的心非常吸引我，老師惜我護我之心銘感五內。她說：「妳的身體在受苦，妳的靈魂受到驚嚇，妳心裡的悲傷，那是我可能可以照顧的。」老師總是不斷的提醒我，要溫和的對待自己，不要勉強自己。在每次的對話中，我流淚，老師也紅了眼眶。老師創作的悲傷療癒卡陪伴許多人度過一個又一個傷心的日子。

當我提出想要寫這本書的初步構想時，方醫師立刻表示支持，說要寫推薦序。但我認為這本書非常需要方醫師關於精神科與安寧照顧的經驗分享、專業視角，還有我天生欠缺的理性思維，因此邀請他共同創作，他欣然同意。

在第二個沒有媽媽的生日那天，在母親離世一年二個月又二週後，我開始動筆。好幾次痛的想放棄，卻終究捨不得。捨不得這段和母親之間的連結，更捨不得其他躺在加護病房受苦的病人和他們的家屬。

如果說姊姊跳樓身亡像是投入一枚震撼彈，瞬間讓人感覺內心崩塌、四分五裂，那麼媽媽插管躺在病床上，等待死亡的到來，無疑是場凌遲。手起刀落，沒有停頓、沒有猶豫，一刀一刀割在心上。

當媽媽清楚的表達不想被插管，但是醫師說媽媽還年輕，還有救，所以我被說服了，媽媽插管了。我再不敢看她的眼神，直到她死去。最後那二天，明明知道媽媽沒有機會了，我不知所措，不知道要怎麼做，只能看著氣管內管、鼻胃管、導尿管插在她身上，直到心跳停止。

我曾經是任職加護病房多年的護理師，研究所學習的是生死教育與悲傷輔導，依然慌亂無法應變，無助難以決定。那麼，其他人呢？

台灣需要一本從家屬的立場述說的加護病房心情故事。就算是搶救生命、分秒必爭的的場所，是不是有機會可以再安寧一點點？當急重症的病人，病情開始惡化，從有機會治療走向沒有機會時，是不是可以再仁慈一些些？

這就是我再痛都想完成這本書的理由。

當我在電腦裡打出『獻給我的媽媽—李舜芳女士，紀念我們四十二年的母女情』時，淚水再次奪眶而出，看到媽媽的名字，很多情緒又鋪天蓋地的襲來。這是真實存在的狀態，一如春夏秋冬、白天黑夜。喜怒哀樂都是同等可愛且真實的存在。悲傷無須掩飾，傷痕永遠存在，就像我的腎臟、我的皮膚。但是在守護天使仁慈且憐愛的眼光裡，可以是珍貴又美麗的斑紋。

寫這本書的時候，我的身體狀況一直不穩定，加上距離媽媽逝去的時間還很近，我根本沒有能力完成這個艱難的任務。描述傷痕的過程，我必須讓自己重返痛苦的回憶，才能從內心深處挖掘合適的文字。

謝謝佩怡老師和文經社連欣華副主編，在我寫作時給予的協助和支持。謝謝親愛的老公和女兒，（被迫）奉獻許多與我相處的時間，不管多傷、多痛，一直牽著我、陪著我。

在無用之時見用、在無常之機悟常

李佩怡

年輕時，我曾經有一段埋怨輕蔑自己的階段，幾乎看不到我的人生有什麼活著的價值，深深懷疑自己活著的用途。還好，我沒有斷了自己的生路，反而是努力克服著內心深處的無用感，一步步突破自己。走到中年，看懂了崎嶇不平的人生道路裡，隱藏著宇宙奧妙的平衡和圓融的大愛，理解著悲劇人生帶來仁慈的禮物；接納著破裂人生才獲得真實的智慧；珍惜著痛苦人生所品嚐到甘露滋味。

有時難免會想，如果當初沒給自己機會繼續活著，我根本不知道原來可以活出一個令自己滿意的生活樣貌，並且喜愛經歷著每一天。真的很感謝！感謝我給自己活著的機會；感謝身旁的親人朋友，在我自暴自棄時，依然相信著我。

其實，目前每一天讓我感到滿意和喜愛的原因，並非生活的豐衣足食或是功成名就，而是接納生命以矛盾弔詭的方式呈現其真實樣貌，就像：每個生命是如此地平凡卻獨特；幸福是如此需要與痛苦相隨；傷痛是如此地無法迴避，才能遇見療癒；柔軟的心是如此地有力，陪伴低落無力的自我重新站起。

當你翻開本書的時候，有沒有意願看下去，讓自己讀完這本書，幫助自己形成新的觀點：「給自己機會，是不是讓自己活到足夠看懂過往曾經的艱難痛苦和困頓疑惑？」或是告訴自己：「雖然人生給了一副爛牌，但你光是在苦難裡苟延殘喘地活著，就是戰勝了命運！」又或是彷彿我們的人生就是一場玩不完的大富翁遊戲，我們時不時就讓抽中的命運牌打落入谷底，但這不就是命運給出了機會，讓我們在人生的谷底裡淬鍊出超凡的生命態度。

守護傷痛的天使

陪伴悲傷的人越久，我越來越懂得什麼是靈魂的傷痛。本書所說的故事是靈魂受重傷的生命經驗，我們想透過本書與可能也是靈魂受傷的你分享，那一份生命不可承受之重，不論它是來自你的童年、青年、中年或晚年所遭遇的傷痛，我們希望你能了解自己的傷痛，理解為何要善待自己的痛，並且透過字裡行間傳遞的真實經驗交流，感受到某種寬厚溫潤的支持，陪伴你在哀痛中不致傷害自己，在迷茫中不會遺失了真實的自己，在黑暗中不忘記點燃你心頭的燭光。

靈魂受傷的人，都有著倦世的迷戀，有著躲藏人群的性格，有著清晰的論調，卻帶著冷冽的態度，不想對世間有太真太強的情感，害怕想遁逃世間時走不開，不敢太碰觸感受，因為傷痛的苦無法消化，在淺薄的社交關係是無法言說太沉重的話題，於是他們有著謎樣的生活或人際關係，總不被人看清楚。書中敘說的自殺遺族們，多少有著這樣的謎樣人生。

若說心靈的傷痕能夠療癒（或是「聊」「遇」），那靈魂傷痛的解藥，必然是發自聽者的真心，也就是說，傷痛的敘說要在兩人或一群人之中，以人和人的真心相遇來對待，不論是真實的智慧以誠懇的態度傳遞，或是真實的關懷以仁慈的態度貼近。最怕是靈魂受傷的人，對磨難已不想再承受，於是誤認了「麻痺傷痛」的東西才是解除痛苦的藥，但這卻是讓人越陷越深的毒害。

麻痺感受，讓人失去了所有感受，失去感受的能力，這絕不是藥，而是毒。

於是，我們三人書寫自己的經驗與讀者分享，希望鼓勵讀者能用不同以往的眼光來認識傷痛，傾聽傷痛，聊遇傷痛，接納傷痛。

芯秦以自己真實的傷慟經驗娓娓道來她的生死傷痕，十八歲時姊姊自殺，她一夕間喪失親密手足；兩年前，她七天內在加護病房失去最愛的母親。從芯秦在不同的人生階段面對兩個突發的重大失落事件，我們清楚地看見她對悲傷自我的照顧已然不同。芯秦失去姊姊和母親傷痕永遠都在，讓傷痕在生命裡消失不見，不是本書要營造的假象，不在就是不在了，傷的痕跡不需要抹滅，也不會消失。

所以本書要疾呼的是不論是何種狀態下失去親人的痛楚，是我們最需要被自己和親朋理解與關懷的。對於因為家人自殺的朋友，或親人在加護病房面對醫療決策而無所適從的朋友，乃至於因為不孕或孕程中失去胎兒的朋友，如果您們能在閱讀本書中獲得理解，能對自己、家人、朋友過去所曾做過的決定，所壓抑停滯的悲痛，能有所寬容和學習善待，那就是本書最重要目的的達成了。

接著，在你進入閱讀本書主要內容前，讓我以一首詩「守護天使」送給你。願你在生命的低谷裡有伴行的天使，願你的傷痛在閱讀中被理解和受呵護。倘若你的痛已帶來成長，別忽略看見你正是守護他人的天使。

守護天使

瞧瞧自己的身邊
誰是你的守護天使
他總輕輕地在你的身邊
等候著你　緩慢而不干擾地
給予你最貼心的照顧
默默守護你的天使
不知偷偷為了你擔了多少心
不知暗暗在心底受了多少苦
但總是充滿能量地溫柔看顧你
當你不知所措時　適時地現身指引你
也許你的守護天使
歷經風霜　在塵世裡洗鍊　懂得吃苦的意義
他願意來到人間受苦
為的是鍛鍊自己靈魂的成熟
以能呵護 支持 孕育你

也許你就是他人的守護天使
有一顆善良 溫柔 勇敢的心
有一雙充滿力量的臂膀
有果決的毅力　奉獻的精力
在他人脆弱疲憊　苦悶失志的時候
舞動生命的力量　提振低落的士氣
無條件的愛鼓勵前行的勇氣
也許我們都是他人的守護天使
我們心中充滿了愛
我們是為了愛而出生
我們是為了愛而飛翔
我們是為了愛而受苦
守護著另一個生命體的茁壯成長
這一切的一切……都值得

目錄 Contents

生死傷痕

方俊凱

生有時限也無限　命定非常斯為常
死若無情心不悲　亡者有義在人間
傷口在心不在身　心中有愛不必問
痕跡漸淡實覆塵　撫去面具真心見

第一章

急救還是放棄她

一九九三年夏天，姐姐留下遺書跳樓身亡，我沒有機會跟她說再見；二〇一六年，媽媽病急而走得突然，還是沒能好好說再見。其實，我從未選擇放棄她的生命，我要放棄的是她的痛苦。

七天六夜，我在加護病房的心情日記。

第一天：二月十六日　意外的病危通知

二〇一六年剛過完寒假，孩子們開學的第一天上午，弟弟傳訊息給我，說他送兒子去幼兒園的路上，看到救護車停在爸媽家門口，媽媽自己走上救護車，爸爸陪伴在旁。我心想，應該是跟上回住院一樣，不明原因的不舒服，要去急診室等病房然後住院（媽媽在同年一月初曾因呼吸喘住院，一月二十一日出院）。果然那天也是這樣，沒有大礙。媽媽還請弟弟不要告訴我，免得我要從淡水到新店來回奔波，不但心裡擔心身體也勞累。

當天晚上哄女兒睡覺，不小心自己也睡著了，因此沒收到弟弟傳來的訊息，十點多時先生叫醒我說，弟弟打電話來，醫院給媽媽發出病危通知。

「怎麼可能？」

我不敢置信，猶豫著要不要去探視，後來是請表妹幫忙先去醫院看看。表妹傳來照片，媽媽看起來還好，從病床旁的螢幕數據看來，除了心跳快了一些，其他都正常。表妹說，媽媽說話還很有精神，可以自己下床上廁所。

那時剛過完年，急診非常忙碌，連走道上都躺著病患。這年冬天特別的冷，連台北也難得地下起雪，流感重症的病人很多。

病房之外

媽媽的修指甲組

打從我有印象起，媽媽的手腳指甲就一直維持得很漂亮，我一直覺得她的手腳都很美。她有一組很專業的修指甲組，據說是她用第一份薪水買的，四十多年前，要價七百元，當時一碗魷魚羹才五元，小碗的三元。她說如果有一天失業了，她還可以靠修指甲賺錢。受媽媽的影響，我也常常會多花一些時間，讓自己的手腳能夠更好看。

第二天：二月十七日　不安的決定

早上八點送女兒去幼兒園後，就直接出發去醫院。出捷運站，坐在醫院的接駁車上時，接到弟弟傳來的訊息：「媽媽要送加護病房。」（後來聽弟弟說，媽媽要送加護病房時，出現一種奇怪的笑容，好像是在跟他道別，這是弟弟在媽媽清醒時見到的最後一面。）

「等我。」

那時車子剛好開到醫院大門，我快速回完二個字，就下車奔跑至急診室，一路上有許多病人與家屬，他們看到我臉上掛著淚，都很主動地讓出一條路。

到了急診室，媽媽正要被送去加護病房，我看著媽媽緊閉雙眼躺在病床上，抓著她的手，把她搖醒。她張開眼看著我，雙目對看，沒有言語。

我內心喊著：「妳怎麼了？妳到底怎麼了？」

媽媽輕聲說：「我要去加護病房了。」

護送人員很緊張、很急迫的大聲開路，我們安靜的跟著他們走上三樓加護病房。醫護人員說要先幫媽媽整理一下，等一下再讓我們進去。我考量到七十五歲的爸爸已經熬一整夜，弟弟也要上班，所以先請他們離開醫院，等我要回淡水時，他們再輪流過來就好。

那時，我已做好長期抗病的打算。

◆◆◆◆◆◆

爸爸和弟弟離開之後，我坐在加護病房門口，想著這個上午到底發生了什麼事。不一會兒，加護病房的護理師叫我進去，主治醫師跟我說，媽媽要插氣管內管。我接觸安寧療護與臨終關懷已有十幾年的時間，總覺得插管是不太好的事情，因為插管很痛，那不算善終。更何況媽媽早在十年前就已簽署不施行心肺復甦術，選擇安寧療護的意願書。

但是，主治醫師說：「阿姨還有治癒的機會，這是一個急性、很嚴重、病程變化很快的肺炎，沒有理由見『生』不救。更何況阿姨才六十一歲，除了類風濕性關節炎，在此之前並沒有其他病痛，不是末期病患。」

然而雖然疾病未到末期，但總要考慮病人本身意願，所以醫師希望我能跟媽媽溝通一下，可以說服她。醫師在我耳旁不斷催促，表示再不做決定就來不及了（其實也不算做決定，應該說是同意，再不同意插管接呼吸器就會來不及）。我請醫師請給我三分鐘，在聯繫先生的同時，心裡想著：「有這麼嚴重嗎？媽媽還很清醒著，剛剛甚至還能為了找身分證大聲說話呢！」

我先生的大哥，是一位資深且經歷豐富的急重症、胸腔內科主治醫師。他說：「這種重症看過很多，危險期就是這一週，但現在還有機會。」

我請大哥在電話中直接跟媽媽的主治醫師討論，他們的看法一致——年輕的急性肺炎病患，沒有理由不治療。**然而怕痛不怕死，算是合理的理由嗎？我不知道。**

準備插管時，醫師輕聲對媽媽說：「現在要幫妳插管。」

媽媽意識清楚地對我說：「不要救我。」接著又問：「那不是很痛苦嗎？」

醫師很溫和地向媽媽承諾，會打止痛麻醉，不會讓她痛苦。我重複幾次醫師的話後，媽媽才終於同意。

急救同意書弟弟在急診室時就已經簽好，我接著要簽的是「約束同意書[1]」，拿到單子的時候，心中一怔，很抗拒，一度忘了媽媽的名字該怎麼寫。咬牙努力恢復理智，簽完就被請出去了。

約莫四十分鐘左右，**再次見到媽媽時，她已經被插滿鼻胃管、導尿管、氣管內管、中心靜脈導管，全套都裝上了**。我看著心好痛、好煎熬。媽媽是完全清醒的，意識十分清楚。

「她好難被麻醉喔！」主治醫師很沮喪地說：「我也很難過，因為我媽媽也是很怕痛的人，所以我有承諾不讓阿姨感覺到疼痛，要讓她睡著，可是我卻沒做到。」

我在媽媽的病床旁躲著，待在一個我看得到她、但她看不到我的地方。我心裡一直在想，**如果這個醫療決策是對的，為什麼我會這麼害怕？**我內心充斥著巨大的罪惡感，就好像這一切都是我造成的，管子是我插的、約束帶是我綁的，不安恐懼到達極點。終於明白那些書上所寫的，家屬都不敢看被插管親人的眼神，原來真的如此難受。

◆◆◆◆◆◆

媽媽插管後，我的第一個挑戰便是**如何面對她**。

她生氣嗎？她恨我吧？她很痛吧？她會不會想向我求助呢？我不敢面對，因為我解決不了任何事情。我感覺到完全無助、六神無主，不敢看她。

---

1 約束：為維護病人安全與治療需要，當病人出現意識混亂，可能發生跌倒、自行拔除重要醫療管路，沒有其他更有效的替代方法時，醫護人員會考慮為病人使用身體約束。依病人狀況選擇適當之約束用具，常見的用具有：（一）乒乓球手套、（二）手腕式約束帶。（三）胸部約束帶、床單等，固定病人部分肢體或全身，以限制或阻止病人活動。

護理師列出一張清單，請我去買東西，比如毛巾、看護墊、沙威隆等。到達醫院的販賣部，工作人員看到我泣不成聲（我猜這裡的工作人員常常遇到這種事情吧），他們很熟練地接過單子，拉張椅子請我坐下。

「妳坐一下，東西我們幫你找就好。」

當時買了一千多元的住院用品，後來發現，大小尿布沒拆過，毛巾也沒拆包裝，很多東西都來不及用，只是也不想帶走了。

中午弟弟過來，我們討論一會兒就哭了，他哭我也哭，世界彷彿剩下他和我，只有我懂他、他懂我內心的煎熬。到此，我們經歷一段**從尋常到不尋常的轉變**。

媽媽這次的不舒服和過去經驗不相同。如果預先就能知道這是她生命中的最後幾天，如果預先就知道這是她最後一次住院，那麼很多決定可能就會不一樣了。至少，我會在媽媽去急診時就立刻趕到醫院。

下午我在醫院附近的咖啡廳煎熬著，四點多護理師來電話，要我進病房簽一些自費藥物的使用同意書，醫師說病情進展得很快。這段時間我彷彿驚弓之鳥，非常害怕沒有來電顯示的電話響起，很怕醫院打電話來通知什麼壞消息。

稍晚親友們陸續來訪。爸爸晚上到醫院時，看到親人都在，感覺媽媽病情很不樂觀，一出電梯就發出悲鳴，神情相當痛苦，看起來很絕望。會客時間開始，爸爸始終不願意進病房，請我向媽媽轉達，他有來，只是在外面等。

我當時並不明白他這樣做的理由，還覺得爸爸不願意進加護病房探視媽媽是很奇怪的一件事。後來跟弟弟聊天時才了解，他是捨不得見媽媽受苦。

弟弟說：「如果可以，我也不想進去加護病房看媽媽啊！把對媽媽的印象，停留在過年那時聚餐的歡樂模樣，不是很好嗎？」

和弟弟討論的結果是等待二週，二週內讓醫師盡力救治，如果二週後仍不見好轉，就撤除維生設備。當然，後來不是這樣，**生命不能只用時間衡量，事情沒有這麼簡單**。

晚上回淡水住處，先去女兒的乾媽艾咪姊那裡接女兒。艾咪姊告訴我，當她去接女兒時，女兒跟她說：「媽媽把我丟下了。」

我聽了很難過。一邊是病危的媽媽，一邊是年幼的孩子，都是我最愛的家人啊！那段期間我心裡總是很煎熬，陪在媽媽身邊時，覺得對先生、女兒很虧欠。陪在先生、女兒身邊時，想到媽媽，又會覺得萬分不捨，自責不夠孝順。

接下來的幾天，因為要去醫院探視媽媽，我請託幾位朋友，接力地幫忙接女兒下課、照顧女兒。我對女兒說：

「親愛的女兒，我沒有丟下妳，只是外婆病得很嚴重，住在加護病房。加護病房一天只有二個探視時間，媽媽只是想多看看外婆，所以才會來不及去幼兒園接妳。媽媽沒有丟下妳。」

◆◆◆◆◆◆

我跟先生說：「媽媽進加護病房，插管接呼吸器了。」

「那是一定的啊！想也知道肺纖維化合併肺炎，可能發生呼吸衰竭，當然會進加護病房插管啊！」聽到他這樣回，我了解這是先生身為醫師的習慣性回話方式，但頓時只覺得家裡多一個醫師，少一個先生，心情上還是有些難受。

我，很孤單、很害怕、很無助。

夜裡，先生和孩子睡著後，我一個人坐在客廳沙發上，開一瓶紅酒。平時我並沒有喝酒的習慣，只是這時候，我覺得自己需要一點酒來減輕心理上的痛苦。幾杯酒下肚後，我開始痛苦哀哭，本來幸福快樂的生活，突然變了調。媽媽生病住院這件事變成了生活的重心，心情慌亂又沉重。我在客廳守著電話，非常害怕電話聲響起，會接到壞消息，也擔心電話聲會吵醒先生和孩子。這一天，晴天霹靂不足形容。

人怎麼能被綁在床上？

我曾經是個加護病房的護士，大約在二十年前……當時我便很難忍受「約束」病人這件事情。

在小兒科或動物身上，醫師會保定（保護固定）病患，治療做好或檢查完成，就結束這種保定。

人怎麼能被綁在床上？問問你我，你願意嗎？我不願意，並且覺得不可以。所以每當家屬不管是出於任何理由，要求我們約束病人時，我都感到相當鄙視，認為怎麼可以這樣對待自己的家人……怎麼可以？怎麼可以？

我知道，插管急救同意書的下一張，就是約束同意書。但我從來沒有認真地思考或體貼這件事情。我沒想過有一天，我會成為自己鄙視的人，我要同意醫護人員把媽媽綁在床上。我簽名了，但是我不同意啊！我不同意，誰都不可以綁我媽媽，這太野蠻了。

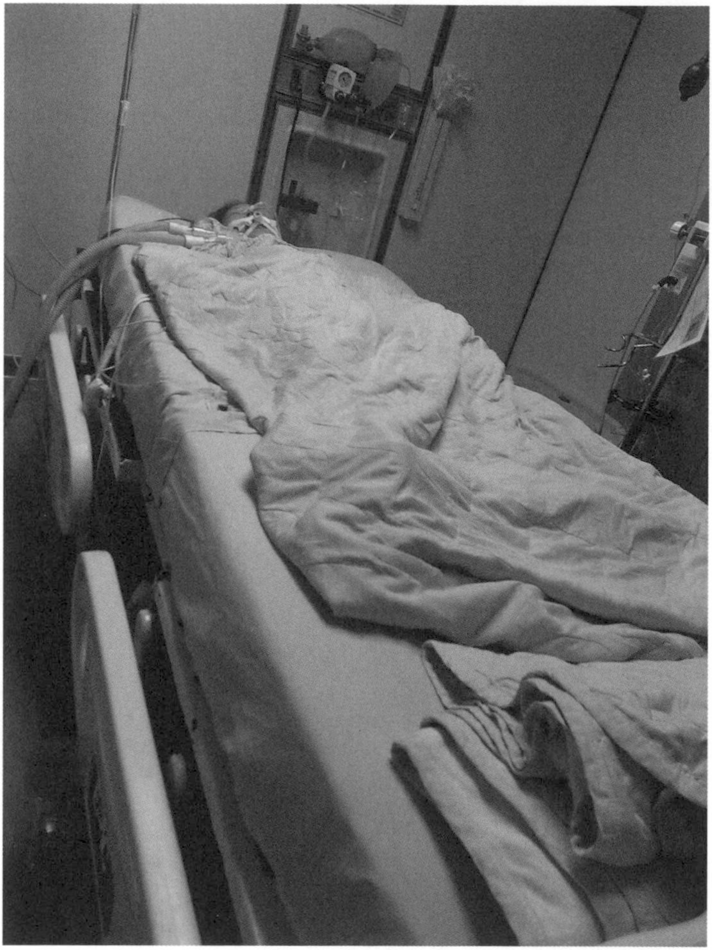

第二天媽媽住進加護病房接受插管治療。雖然在醫院工作時，看過很多插管的病人，但是實際看到媽媽被插管後，經歷到的是一種難以承受的心疼。想像一下，換成是你親愛家人的臉孔⋯⋯。

第三天：二月十八日　死亡機率

早上送女兒去幼兒園後，先生和我一起去看媽媽。探視時間時，看到媽媽無法被麻醉，讓我感覺非常痛苦，不敢看她的眼睛，感覺這一切的苦難好像是我造成的。

主治醫師說：「細菌培養有克雷伯氏肺炎桿菌[2]，這個病本來不難治療，我很有把握，但是阿姨是類風濕的體質，有可能會拉不上來，或是慢慢拉上來又突然掉下去。」我想這與媽媽服用免疫抑制劑、常去診所打類固醇也相關。

主治醫師接著說：「在我的經驗裡，相同或差不多病情的病人，十個裡面大約有六到八個會走掉。上一位一樣是類風濕性關節炎合併嚴重肺炎的病人，後來是沒救回來。請你們討論一下，是不是要讓阿姨接受葉克膜[3]的治療。」然後醫師帶我去看加護病房中其他裝置葉克膜的病患。

---

2 克雷伯氏肺炎菌（Klebsiella pneumoniae），為人體腸道、呼吸道的正常菌叢，趁人體抵抗力弱時伺機出動，是呼吸道感染最常見的致病菌之一，由於其超強抗藥性，被世界衛生組織(WHO)列為超級細菌之一。在抗生素應用之前，肺炎克雷白桿菌肺炎的病死率達51%～97%，在抗生素治療下其病死率仍達20%～50%。使用免疫抑制劑、類固醇會壓抑免疫系統，使身體對病菌的抵抗力降低，較易引起感染。

「十個裡面大約有六到八個會走掉。」這是我最需要的資訊，我需要知道媽媽死亡的機率大概是多少，才能做後續的決定。但是聽到六成到八成，只覺得這範圍好大！六成是大約還有一半的機會，是該堅強、振奮，好好面對。但是八成的話，就只剩下百分之二十的機會，想到腿就軟了。

爸爸問：「還有機會嗎？我看她接那些管子，她很痛苦耶！」

我回答：「還有機會，但是我們要討論一下，要救到什麼程度？要不要同意洗腎？裝葉克膜？還有就是假設救回來了，但是很大的機會是會變成植物人或是意識清楚，但是要終身使用呼吸器，這樣的話還要不要救？」在醫院裡，我總是堅強又理性。

和爸爸、弟弟討論的結果，依然是維持原本的想法，也就是二週內讓醫師盡力救治，如果二週後仍不見好，就撤除維生設備。另外，爸爸覺得媽媽使用呼吸器太辛苦，所以如果預期治療後媽媽會有成為植物人的可能，或須持續使用呼吸器，就不要讓媽媽太辛苦了。

我們從未放棄任何機會，只是非常不捨、不忍心讓媽媽疼痛、受苦。

中午回娘家，整理媽媽的衣物。

我們表面上的說法是，先收拾好一套衣物，在媽媽出院時可以穿，但其實我們都不敢也不願說破，這就是在為媽媽的可能死亡做準備，以免突然發生時措手不及、手忙腳亂。

在餐桌上，看到爸爸撒滿一桌媽媽的照片，還有他寫給媽媽的話：「二〇一六年二月十六日，自叫一一九出門就回不了她一手拱成的家。是小妹，是鄰居，是朋友，是戀人，是夫妻，是老伴。」

想到他們之間五十年的情感，非常心疼。

那天晚上的探視時間非常難熬。其一，有位媽媽教會的朋友，一直推薦某種幹細胞，不但誇張渲染使用效能，會客時又插隊（殊不知我們一家三口是苦等一整天，才盼到這短短三十分鐘的探訪時間）。其二，是媽媽仍然難以完全麻醉，有時好不容易可以睡著，但是一有聲響就會清醒，會流眼淚也會痛苦掙扎。但很多親友

3 葉克膜（extra-corporeal membrane oxygenation），縮寫ECMO，音譯為「葉克膜」中文直譯為體外膜氧合，是一種急救設備，用以暫時協助大部份醫療方法皆無效的重度心肺衰竭患者進行體外的呼吸與循環。葉克膜可以暫時維持病人的心肺功能，減輕心肺負擔，但只能多爭取一點時間，並不能治療疾病本身。

卻不斷把媽媽喚醒，我們非常不忍，最後決定要限制訪客。

我看到媽媽的嘴角有一條流血的痕跡，便問護理人員，媽媽是不是有掙扎拔管？護理人員來查看後拿紗布清理乾淨，說那是帶血的口水。我很慶幸這血跡是我先發現的，不然看著親人插管、嘴角還留著血，真的很不好受，還好爸爸和弟弟沒有看到。

會客時間結束後，有一群弟弟的朋友來陪他，他們一起到附近的麵食館。二天了，弟弟終於好好吃一餐。我看到弟弟臉書上更新的狀態，非常感恩弟弟的這群夥伴，謝謝你們，讓他能夠吃下一碗麵。

今天一樣是艾咪姊去幼兒園接女兒，還帶她去淡水玩。其實我每天都計畫早上探視完媽媽，就回淡水接女兒，晚上就休息或是帶她一起去醫院探視媽媽。但往往早上的會客時間結束後，我都會在加護病房外面不斷地掙扎，猶豫著要離開還是留下來，最後，都還是選擇留下等待晚上的會客。就算明知守在門口沒有用，還是捨不得走。

晚上接女兒時，艾咪姊跟我說：「不要掙扎了，妳回不來的，妳會一直想待在加護病房外等待。」

於是，我終於放棄掙扎，並深深感謝她的提醒及對女兒的照顧。

夜裡，還是特別難受，先生和女兒睡著以後，我又喝著紅酒坐在沙發上痛哭。腦海中不斷浮現媽媽生死未卜在加護病房受苦的身影，而我竟無能為力。

病房之外

冷戰

一如許多傳統的華人婦女，媽媽不擅長表達自己的情感。她沒說過愛我，也很少當面讚賞我。她會跟親友們抱怨，女兒大學畢業了不去賺錢，還要念研究所；做試管嬰兒那麼痛苦，女兒還堅持要試；女兒總是買很多東西回家，花錢不手軟，很浪費，送我這些東西，我也不會開心。最後一次，她跟阿姨抱怨，女兒一家子常常回來，吵吵鬧鬧、亂七八糟、白吃白住。媽媽其實是想炫耀，但這一次，女兒怒了……。

媽媽過世的前一年，我任性的決定，不讓她再有機會怨我；不浪費錢買東西送她，不回去吵鬧吃住。好長一段時間我都沒有理她。我有時候會想，媽媽是不是因為我才生病的？

隱藏的愛

我挺愛吃芋頭的，但這玩意兒有點麻煩，削皮切的時候，不小心手會癢的難受，我自己從來沒買過。每次回娘家，媽媽總是讓我帶回一大包處理好的芋頭，削好切塊，有時炸過。這點，她似乎是挺堅持的，永遠為我準備好。她剛走的時候我不敢再吃，昨天自己買了一包處理好的，也是一種思念。

媽媽第一次和我公婆見面時，就攔在我前面對他們說：「我這個女兒沒有教好，她什麼家事都不會做，也不會說話，嘴不甜。她身體不好，不生孩子，這些我們要先說好。」當時只看到她對我的貶抑，現在才看到愛……。

第四天：二月十九日　急遽變化的一天

今天是轉折日，轉好然後又快速惡化，大概就是俗稱的迴光返照吧！

早上先生陪我到醫院，會客時間時和爸爸一起進去。爸爸看到媽媽，喊了聲：「老婆」，媽媽的眼淚就掉個不停。我走近，媽媽很清醒地看著我，表情痛苦扭曲。那是我在媽媽插管後第一次跟她面對面，因為被她看到了，覺得躲不掉，就鼓起勇氣出現在她面前。

我問：「媽，很痛嗎？」

她搖搖頭，又搖頭。我猜測，第一次搖頭應該是說，不是痛不痛的問題，那麼第二次搖頭就代表她有別的事情。然後媽嘴形看起來是說，拔掉，拔掉，拔掉。

我繼續問：「妳想拔管喔？」她點點頭，又掉淚。

這二年多來我一直在想，那個時候我應該要問媽媽：「這管子拔掉了，妳就會死，這是妳要的嗎？」如果在那當下，我和她確認這個訊息，然後就拔管的話，不知道會不會好一些？（但想想說了又如何？只是會變成另一個故事，沒有比較好或比較不好）

然而，我又說服她第二次：

「媽，可是醫生說妳還有機會，還有可能會好，大哥也這樣說啊！」

她還是搖搖頭。

「媽，我知道妳不願意插管，知道妳怕痛，我也不願意讓妳這樣受苦，所以很久以前我們就簽了意願書。可是妳現在不是末期的病，妳還有可能會好，有機會治療。」

「爸爸說他很愛你。」我把爸爸寫給她的信念給她聽：

「爸爸說妳是他的小妹、是朋友、是愛人、是夫妻、是老伴，我們都愛妳，妳還有機會，妳加油快好起來，我以後不跟你生氣了。妳再忍耐一下，治療看看好嗎？」

媽媽點點頭。

我很慶幸有這一段時間，至少，關係不是在決裂的狀況下終止，雖然媽媽不能說話，但是我想她能感受到，我不是故意的。（我在二〇一五年間，曾和媽媽有些不愉快，有一段時間，我都不願意回應她。）

爸爸接著說：

「妳好好休息，好好養病，把胃口養好，我等下去買菜，回家做菜等妳回來吃。」

媽又點點頭，表情變得平靜一些。

我忍不住，終於哭出來了，我哭喊著：

「媽，對不起，我不想看妳被插管，我也不想讓妳這麼痛，不想讓妳痛苦，但是我沒有辦法，對不起……。」

媽媽看著我，輕輕地搖頭。我那時不是很確定那個的搖頭要如何解讀，想了很久之後，我幾乎可以確認，當時那個搖頭的意思是：**不要說對不起。媽媽不需要孩子跟她道歉，雖然被孩子傷到會痛，但媽媽跟孩子之間沒有不原諒這件事情，媽媽永遠愛自己的孩子，永遠會原諒自己的孩子，不需要對不起。**

談完話後，我終於鬆一口氣，至少不必再害怕面對媽媽的眼睛。在這之後，她的眼神變得很奇怪，有些白霧、失焦，有點像往上吊之後就閉上眼，沒再張開過。

◆◆◆◆◆◆

這幾天的時間，大家都沒有任何胃口。我平時是習慣喝黑咖啡的，這段時間就改喝加糖的拿鐵以補充體力。從住家到醫院的路上，經過麵包店時，我就幫爸爸挑一、二個他平常會吃的蔥麵包。爸爸也會帶一小袋在家切好的水果來醫院給我們吃，那是我幾十年來，第一次吃到爸爸切的水果。我想，那一點點的食物交流，就是親人之間愛的表達與相互扶持。

下午，我找了一間咖啡廳，點一杯薰衣草拿鐵咖啡。連著幾日幾乎沒有闔眼，身心疲憊不堪，加上咖啡廳昏暗的燈光、柔和的音樂，平常很難入睡的我，竟然不小心睡著了。雖然只是打個盹，但已經是很難得的一小段休息時光，如果醫院裡，能有個舒適一些的休息地方，那該有多好啊！

傍晚我仍然擔心媽媽會再度因為無法麻醉而痛苦，所以傳訊息請教好友的先生（教學醫院麻醉科資深主治醫師）是否有其它解決的方法。晚上會客時，發現醫師已經為媽媽添加不同的麻醉止痛藥物，這次媽媽看起來很平靜，不再皺眉。

然而新的麻煩是，心跳來到每分鐘165下左右[4]，血壓80／60毫米汞柱[5]，二十四小時尿液不到200c.c[6]，數據走向惡化。代表媽媽的血氧在下降，她得不到足夠的氧氣，所以心臟需要跳很快。我知道接下來醫療人員就會問我們要不要讓媽媽洗腎，要不要接葉克膜，我必須要在那時間點踩煞車，而尿液會是最明顯的指標。

我覺得很難過，因為爸爸本來一開始的時候比任何人都要絕望，好不容易到了第四天，看到媽媽可以點頭、搖頭的表達，而且表情平靜不痛苦，終於在早上時信心大增，晚上還把他寫的情書帶在身上，對我說，好像還可以拚一拚。但是當晚我就得告訴他：「放她走吧！讓她走，她要走了。」

爸爸問：「怎麼了？情況很不好嗎？」

我對爸爸和弟弟說：「沒有機會了。」

我跟他們解釋媽媽的病程，現在是往惡化的方向走。由於媽媽曾經清楚表達過：「不要急救」，也做了健保卡的安寧註記，現在已經沒有機會了。

「我們必須堅持到底，所有家人的意見都要一致，千萬不能因為一時的不捨，去拜託醫師、去跪醫師。否則壓胸、電擊……整套急救措施坐下來，媽媽會受很多折磨，而且拖延的也不過是幾天的時間。」

4 正常人心跳每分鐘在50到100下之間。

5 正常血壓約是120 /80 mmHg左右，目前世界衛生組織沒有訂定低血壓的標準，但如果一般成人血壓小於（90/60mmHg）時，可能會被判斷有低血壓，一般都與休克有關聯。

6 普通健康的成人一天的正常排尿量為1,000～2,000cc，400cc以下為寡尿，100cc以下為無尿，通常是腎功能異常的最早徵兆。休克、心臟衰竭等會引起腎臟血流灌注不足而導致少尿症狀出現。

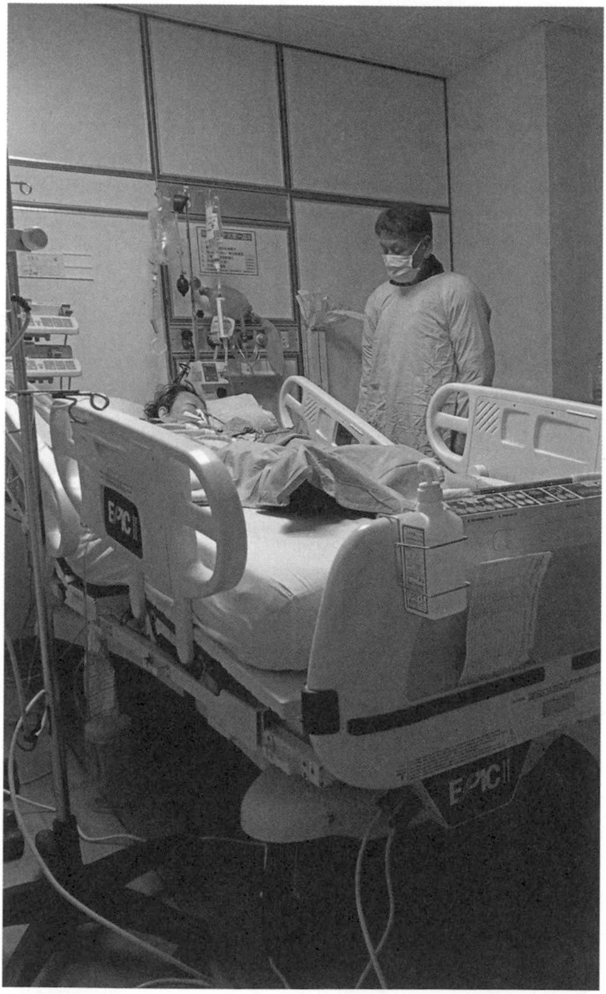

爸爸和媽媽告別。爸爸幫媽媽梳頭髮，然後說：
「老婆，我來了。老婆，不要掉眼淚。」

第五天：二月二十日　準備離開

早上會客時，看到媽媽的心跳越來越快，已經來到每分鐘176下，二十四小時尿液僅100c.c左右，整顆心沉到谷底。爸爸拿出隨身攜帶的梳子，幫媽媽梳頭髮：「老婆，我來了。老婆，不要掉眼淚。」我摸一下媽媽的手腳，都很冰冷，但不是冬天手腳冰那種冰。媽媽的手就像是冰塊，伴隨著僵硬。

我跟先生說：「媽媽的手腳好冰。」

先生又反射性地以醫師口吻回覆：「血循不好，當然會冰冷啊！」

我拉著先生的手去碰媽媽的手，他碰到媽媽的手，立刻掉下眼淚哭了起來。爸爸翻動被子時，我突然看到媽媽的手腳都已經發黑，慌亂地趕緊幫媽媽蓋好被子，不敢再注視。連害怕都不容許。

會客後，我請問幾位從事安寧照顧的醫師、護理師朋友的意見，感恩他們不閃避地回答：「時間不多了！」、「可能回不來了，這二天或今天。」方醫師說：「妳能接受嗎？……應該是放手的時候了！」

加護病房的護理師提醒我們可以準備念佛機，並好意地表示，可以幫忙我們拍合照。我想了想，決定照一張遠照作紀念。六十一歲的媽媽皮膚還非常非常美。

爸爸向弟弟提出媽媽想要受洗的心願，弟弟馬上連絡牧師和生命禮儀公司。下午爸爸、媽媽在牧師及親友的見證下，同日受洗。爸媽受洗後，我獨自留在加護病房裡，跪著跟媽媽說：「妳安心的走吧！不用擔心我，先生會照顧我的。媽媽，我們天堂見了。」

那時，病房裡的工作人員都覺得我很奇怪，或許因為心理作用，總覺得那些眼神好像在責備我：「媽媽還有呼吸、心跳時，妳怎麼已經在和她道別，跟她說天堂見。是在詛咒她嗎？是不是急著想要妳媽媽怎麼樣，不想照顧她？」自己承受著很大的壓力。

確定媽媽即將要離開，雖然心裡很悲傷，但確實是鬆一口氣，至少死去就不用再受苦。**如果離開了就可以不再感到疼痛，那麼我願意接受媽媽離開的事實**。

我心裡很矛盾，捨不得媽媽離去，但更捨不得媽媽受苦。只要想到媽媽是在清醒狀態下忍受著插管的疼痛，我真的、真的寧願她死去。

在親友的見證下，完成媽媽受洗的心願、和她道別後，我們一家三口和親友們一起到醫院附近的便當店，點幾樣簡單的青菜和蘿蔔湯，吃下這幾日來唯一正常的一餐。在心靈受驚嚇和悲傷的狀態下，一些簡單的素菜、幾口清淡的熱湯，是比較容易下咽的。

病房之外

一起做的事

大學畢業旅行去六福村，我帶媽媽參加畢業旅行，很特別吧！第一次申請信用卡，就幫媽媽辦張附卡，不久前才到期，銀行又寄來新卡，不過已用不到了。我以前老是在做飯的時候打電話給媽媽，做到一半，打去問一下，這菜怎麼炒？那個要煮幾分鐘？這個怎麼切？那個怎麼保存？所以後來我都不太願意下廚。

第六天：二月二十一日　漫長的一夜

星期天，連日的奔波和身心煎熬，我和家人都差不多都是靠意志力在支撐。住在醫院附近都快趴下了，更不用說淡水新店二頭跑了。

弟弟說：「每天兩次的煎熬，每一步都覺得好沈重。」

我曾在加護病房工作二年，研究所念的是生死教育（其實就是死亡教育）與悲傷輔導，病房的景象與生生死死，不知看過多少回合，如果連我都感覺快熬不住了，那麼爸爸跟弟弟要怎麼辦？我有這麼多醫護的親友，如果連我都慌亂了，那麼一般人是如何經驗這些的？我心中很是感慨。

早上會客時，發現媽媽血氧一度掉到70左右，心跳也曾經暫停過幾次，我知道她離開的時間就快到了。我跟媽媽說：

「謝謝妳所有的付出。對不起，這些年來，我常常生妳的氣、常常不理妳、折磨妳，我們天堂見了。」

旁邊的工作人員還是用奇怪的眼神看著我，顯得很吃驚的樣子。星期天，是住院醫師來解釋病情，他說媽媽的動脈血很酸[7]（大概是7.2X吧，我沒有很認真聽）所以要補三支或五支的 NaHCO3[8]（碳酸氫鈉）。我反問：

「現在酸鹼電解質不平衡會有什麼影響嗎？有可能像末期腎病那樣抽蓄，或造成更大的痛苦嗎？」

醫師很委婉地說：「她已經陷入很深很深的睡眠，不會抽蓄，也不會再有任何痛苦的感受（我心想，這就是所謂的彌留嗎？）。但放棄急救不代表連藥物、其他一般的治療都要放棄啊！」

我掛著淚水很溫和地說：「我知道看到這麼酸的血要矯正。但是，你為什麼想要驗血？如果媽媽不可能會痛苦了，為什麼要再抽動脈血？報告肯定不可能會很漂亮的。補到足量，人也腫了，如果媽媽不會再感到痛苦，那些血液數據、甚至心跳數率我都不在意，請不要再增加媽媽的痛苦了。」

中午會客時間結束後，找了一間距離醫院約五分鐘路程的飯店住下。多日沒躺床，只覺得這飯店簡直太舒適。艾咪姊因為有事情，無法再幫我接送照顧女兒，所以決定讓小孩請假不上課，這樣至少不用每天來回搭乘二個多小時的捷運。晚上會客時女兒突然跟我說：「今天是最後一次來看外婆，她明天就要去天堂了。」弟弟

---

7 健康人的血液是呈弱鹼性的，pH值大概是7.35到7.45之間，小於7.35稱為酸血症或酸中毒。嚴重的心肺疾病會導致二氧化碳堆積，從而引起血液pH值下降。

8 碳酸氫鈉可以暫時減輕酸血症。

也突然在這個時候感染蜂窩組織炎，走路不方便。

我心裡想，疼愛兒女又不願麻煩別人的媽媽，應該就要離開了，她一定捨不得讓弟弟腳痛還要來回走路到醫院。

◆◆◆◆◆◆

相較媽媽平靜的臉，呼吸器的聲音和胸腔不自然的起伏，顯得非常刺眼和刺耳。護理師報告狀況：「從鼻胃管反抽胃液，抽出的牛奶很多[9]。」

我回：「其實可以不用再灌食，這樣媽媽會比較輕鬆。」護理師用有些不以為然的表情看著我。

護理師繼續說：「當阿姨要走的時候會打電話通知，但通知的時間不好拿捏，大概是心跳開始下降，掉到六、七十的時候會通知。但因為她心跳比較快，可能會更早些通知，不然怕來不及。」

我了解這種不確定感的煎熬，所以回：「不要緊，妳什麼時候通知我都沒關係，就算是心跳停了才通知也不要緊。」護理師似乎感到驚訝，很不可思議。

但對我來說，我已經接受這個事實，如果媽媽要走就讓她走，不用一定要苦撐著等我。

晚餐時間，再次請先生去電問大哥，是否贊成直接停掉升壓藥、強心劑[10]等急救藥物或關機器？大哥認為，血氧等生命跡象會因此驟降，這樣不會好看，面容不會安詳，所以只好作罷。

但我和弟弟還是向護理師提出，不希望再持續給予升壓藥等急救藥物，所以又需要填寫一張放棄藥物治療的單子。

放棄還是拒絕？我雖簽下同意書，但我從未放棄媽媽的生命，從未拒絕任何有效的治療，我只是好愛她，因深知她怕痛，所以不忍再見她受到任何的痛苦。已經夠了，即使她只有六十一歲。

這天晚上，護師表示可以讓我們延遲會客，大家能再多陪媽媽一會。晚上回飯店洗完澡，剛把自己跟女兒的頭髮吹乾時，我的電話響了。我放聲大哭，肚子抽筋。我知道，是媽媽要出發了，連忙趕到醫院。

---

9 代表消化功能不好，灌進去的牛奶停留在胃裡面，沒有消化吸收。

10 升壓藥、強心劑：當病人的心功能衰弱、血壓明顯偏低時，可能出現多器官血流灌注不足的情況，可給予能讓血壓上升的「升壓劑」以及可增強心臟收縮的「強心劑」。

由於夜間從急診去加護病房的路線和先前不相同，昏暗的建築物裡，沒幾個人。雖然我心中很膽怯，但此時沒有任何選擇。

我先進病房向媽媽跪別，此時媽媽的心跳大約是每分鐘一百下，接著爸爸、弟弟、舅父陸續到達，媽媽的心跳來到每分鐘130至135下左右。先生說靠著升壓藥等急救藥物，大概可以滴到天亮，我們一人一張板凳坐立難安地等待。

等什麼呢？等媽媽心跳停止。但時間好漫長，又怕突然到來，不忍再看也不忍不看。呼吸器的聲音好刺耳，加護病房的燈光好刺眼，媽媽隨著呼吸器起伏的身體，看得我心好痛好痛。

爸爸靜靜地站在媽媽的病床前，站了好久好久，就只是靜靜的看著她。原來，爸爸比我勇敢得多。弟弟再次聯絡生命禮儀公司，確定後續的處理事宜。先生一直緊緊握著我的手。

那是我度過最漫長的一個黑夜。

二串手鍊

我整理舊照片，看著我買給媽媽的衣服、鞋子，還有我們一起度過的生日、節日，切過的蛋糕、去過的餐廳……。看到媽媽最後給我的紅包，圖樣是一隻大熊頭上頂著一隻小熊，上面寫著：「二〇一六・阿母」。

我把一串珍珠項鍊拿去銀樓改成二串手鍊，假裝我和媽媽還能一人一條。

第七天：二月二十二日　最後的道別

約莫凌晨三點，護理師請我們到會談室休息，她貼心表示，爸爸、舅父年紀大了坐在板凳上太難受，會談室至少還有沙發，如果會冷跟她說，她拿被子。我們到會談室暫歇，但整個人彷彿驚弓之鳥，機器或病房的門發出任何聲響，都讓我很緊張。

二月份，非常寒冷的天氣，我們坐在沙發上，身上蓋著厚重的外套，一分一秒地等待著。

清晨五點三十五分左右，護理師請我們再去看看媽媽。我拉拉爸爸和弟弟的衣服：「我們慢慢走過去吧。」走到病床旁，心電圖已經呈直線，醫師來宣告病患死亡。爸爸又幫媽媽梳一次頭髮。我請醫護人員們趕緊把她身上的管拔除。這是媽媽希望的，也是我最後能要求的。

隨後到醫院一樓辦理出院手續，醫院在這方面很人性化，並沒有要我們立刻結帳。櫃台小姐說，付多少都可以，日後再來補繳就好。帳單是九千多元，我們先付了一千元。

護理師將媽媽的遺體整理好後，牧師和師母來到加護病房外，我們推著媽媽的遺體到地下室，稍作停留之後，搭禮儀公司的車到殯儀館。這個時節，殯儀館的遺體爆滿，媽媽排到四百一十二號，也就是說，要等四百一十一位後才能排到冷凍。我探頭望進去，看到還沒排到的遺體都是裝袋放地上，很心疼。於是和爸爸、弟弟達成共識，安排時間盡早火化吧！

八點多，我們返回醫院，結帳、辦理死亡證明。很巧的是，媽媽的重大傷病卡就在這天辦下來了，帳單從九千多變成九百多，媽媽真的是很節省，即使離開也一點都不願意麻煩人。回到飯店稍作歇息後，中午十二點驅車前往三峽天品山莊基督教墓園，討論後續的事宜。

在幫媽媽挑衣服時，我和弟弟在眾多款式中，同時指向同一件大紅色的旗袍，就像媽媽當年參加弟弟婚禮時穿的一樣。選塔位時，爸爸說要一次選二個，將來他要住在媽媽旁邊。

這裡的環境很好，外面有一片大草皮、沙坑、溜滑梯等設備。孩子們年紀還小，不太了解狀況，死亡概念也不成熟，開心地在草皮上跑跳。我們排到火化的時間是隔天早上七點，是唯一的空檔，於是決定回淡水收拾行李，再來飯店續住一天。

我們一直很理智的接受一切的發生，沒有辦法像電視劇演的那樣大哭大叫，只能夠很平靜的接受。弟弟說：「為什麼我們不能像電視演的一樣，把死亡證明書撕成二半，然後用力捶醫院的牆壁？」

隔天上午七點，就是媽媽的入殮禮拜，在瞻仰儀容的時候，五歲的女兒突然放聲大哭，說想念外婆。媽媽看起來很安詳，只是臉部很明顯的水腫。入殮禮拜結束後就送媽媽去火化，接著撿骨、裝入骨灰罈。女兒全程參與，也夾一塊骨頭放入罈內。爸爸買半隻白斬雞去陪伴媽媽，他說，媽媽從二月十六日入院開始就沒吃過東西了。聽著很心酸。

這一切快到讓人難以置信，感受跟不上所發生的。

好

多麼傷，多麼怨，多麼痛，最後都化為一個「好」字。

好，我接受妳不告而別，只要妳一路好走、走好；

好，我知道只要我們好，妳就好了；

好，我答應妳，我會好好過；

好，只要妳走了以後，不痛就好；

好，我什麼都答應妳。但妳不要走，好不好？

我把這句話硬生生吞回肚子裡，噎得胸口很疼。

天品山莊墓園：（上）花牆區，青草地上設置有摩西的杖和十二隻羊，就像公園（下）墓園主體建築彩虹館和適合孩童的沙坑區。感覺是媽媽會喜歡的環境，有一點祝福，有一點安慰。

後記

點點滴滴

媽媽剛離開的時候，每到加護病房的探視時間，心裡都很矛盾，一方面覺得心裡空空的，因為已經沒有媽媽了；另一方面又覺得鬆一口氣，不用再踏入讓人煎熬的加護病房，親人之間不必再戴著口罩說話。

接下來有很長的一段時間，我好像遺忘所有和媽媽之間有過的點點滴滴，不管怎麼想，回憶裡都只有她在醫院裡很痛苦的樣子。我竭盡所能的努力著，不管是在媽媽的存活或舒適度上，但是一點用都沒有。那些在加護病房的畫面，幾乎滿滿地，占據了整個大腦。

半年之後，爸爸因為嚴重的單純皰疹病毒感染到眼睛、腦神經而住院，這是爸爸七十多年來第一次住院。不久之後，我也因為難以控制反覆發作的氣喘住院整整一個月。弟弟則是經常感冒、腸胃炎。似乎在喪妻、喪母的重大打擊之後，每個人的身體都有些狀況。

爸爸住院期時，是媽媽過世後，我第一次踏入同一家醫院。原先以為不會再來的，沒想到才隔半年就要再進入這曾讓我心碎的地方。這一次，我給爸爸安排單人病房，帶著女兒和換洗衣物，跟親友借了小型單人床墊和兒童用的小帳棚，陪爸爸一起住院。爸爸康復出院後，接著是自己開刀然後氣喘住院，一年就這麼過了。時光飛逝帶不走愛與思念，每每想到此生與母親永不復相見，真是傷痛欲絕。

以前只要是生病了，媽媽就會煮幾個水煮蛋，從新店送來淡水給我。媽媽生性節儉，總覺得雞蛋就是最好、最營養的食物。而曾經那麼不起眼的水煮蛋，如今變得如此珍貴又遙不可及。貼心的鄰居姊妹，知道這件事情之後，專程煮好一盒水煮蛋，送來醫院給我。

有一天夜裡，我夢裡出現弟弟結婚時的場景，在大家慢慢入座之後，螢幕上開始播放著弟弟的婚禮影片。看著看著，畫面中出現了弟弟生病的照片，然後是爸爸住院的照片，最後竟然是我住院的照片。媽媽沒有穿禮服，她看著丈夫兒女住院的情景，哭得好傷心。耳邊一個聲音響起：妳別哭了，媽媽會更傷心的。可是，我就是忍不住……。

◆◆◆◆◆◆

女兒體貼的一些小動作，常常讓我覺得很溫馨。有一次學校的作業要設計自己喜歡的房子，女兒把房子畫在圖繪紙上高高的位置，旁邊歪歪斜斜地寫著：

「因為外婆已經去天堂了，所以我希望房子能在大空上。」

女兒對外婆的愛和思念通常是很直接的表達，她常常看外婆的照片，甚至一邊吃飯一邊播放我為媽媽做的生命回顧影片，雖然常常會讓我吃不下飯，但我還是很欣賞她的表達方式。她常常會哼唱：「愛一個人，希望她過更好……」然後又蹦蹦跳跳出現在我面前說：「我覺得這歌詞和外婆有關，我們希望外婆在天上過得更好，外婆也希望我們過更好。」

媽媽安放骨灰的墓園路途遙遠，

媽媽角。在媽媽房間布置的「媽媽角」是一種念想，一種連結。思念的時候可以在這裡和媽媽說說話。

不常有機會過去，但總是常常想去，心裡很是糾結。因為想要找到與媽媽之間的連結，所以我在新店娘家的其中一間房間裡，找張桌子，放置一些和媽媽有關的相片、玩偶、卡片、日常用品等紀念物，布置成「媽媽角」。後來弟弟也在他家布置一個。他覺得這個媽媽角很安慰。

◆◆◆◆◆◆

每一次從新店探視父親之後，情緒總是特別低落，心底的悲傷很容易就浮出水面。回淡水的捷運上，我總是忍不住的哭。女兒會跟我說，我也想外婆，我們一起哭。有一年端午節回娘家時，帶女兒到碧潭吊橋前走了一圈，看到吊橋，女兒就紅了眼眶，上捷運後，女兒說：「上回走到吊橋對面，外婆買了一根棉花糖給我呢！」然後我哭了，她也哭了。女兒說：「我陪你哭吧！我們一起哭到中正紀念堂喔！到中正紀念堂就擦乾眼淚，準備換車喔！」我對女兒的悲傷表達，由衷讚賞。

有一次，我在陽台曬衣服，很自然地就和媽媽說起話來：「爸爸現在很會做菜、家事也做得很好。妳孫女代表幼兒園參加說故事比賽，還化妝拍畢業照，妳一定很想看吧！未來還有那麼多事情會發生，我要去跟誰說啊……。」

那天，我在陽台哭得很厲害，女兒每隔二、三分鐘就遞送一張衛生紙，跑了幾趟後，乾脆直接拿一整盒面紙給我，對我說：「沒關係，你慢慢哭吧！」

我老公知道這件事情的時候說：「妳跟媽媽的對話，都沒有提到我。是不是因為我表現得很好，沒有需要被告狀？」我家老公自尊真是非常穩定，很好相處。

我哭的時候，他就抱著我，從不正面安慰，也不會說不要哭。只是靜靜地待著，有時塞隻布玩偶給我。有時候他會搞笑的說：「妳哭什麼，是肚子餓了嗎？還是玉米吃完了？怎麼哭了，想吃冰淇淋？噢！妳哭了，要不要一邊哭一邊想要去哪玩？」

有時我在半夜哭，女兒會從房間走出來說要上廁所，然後在回程時順道拿張衛生紙給我。

女兒在年紀還很小的時候，就必須面對外婆罹病驟逝，跟著我在醫院的死亡第一線奔波。二年多來，又必須面對一個既失能、又時常哭泣而且罹患腎臟病的媽媽。由於必須時常要陪著媽媽住在醫院，出去玩的機會也相對減少很多，還有許多的心理壓力，我非常不捨。但是我相信，她日後會比其他孩子更懂得去面對死亡與悲傷。

腎悄悄的病了

媽媽離開後，我們有過幾次難得的家族旅行。她曾告訴我，當她想像自己死後，看著爸爸一個人過馬路，眼淚就會掉下來，因為捨不得爸爸以後要一個人走下去，所以我們要一起去旅行。我們去的地方有很多是媽媽生前提過的：朋友推薦的牧場、想去的地方、覺得好玩的景點……等。

但每次和爸爸、弟弟團聚之後，心裡總是特別難過。團聚的時候，越發覺得少了一個人。對媽媽來說，旅遊來的太晚，來不及了……要是媽媽在就好了。這些年每次開心後，心裡都這麼想，然後那些開心就化作寸寸思念和遺憾，最終都成了淚水。一次又一次……。

二〇一七年五月，我們安排了野柳親子飯店二日旅遊。當天晚餐、隔天早餐都是自助式餐點。海邊戲水、飯店的泳池、三溫暖……一天下來換了好幾次衣服，換上短褲，覺得太合身了，甚至有點緊。心想，不會吃了二天就胖了吧？由於實在不太舒服，後來換上比較寬鬆的衣服。

回程捷運上沒有座位，站著從台北回到淡水，在車上覺得鞋子有點緊，按一下腳，居然就凹下去了。到家量體重，比出門前增加七公斤，二天七公斤，也太誇張了！於是在內科逛一天，一般內科、心臟內科、胸腔內科，做了很多檢查，吃了利尿劑，但是沒有改善。

隔天，呼吸不太順暢，有點費力，睡著時還會頻頻呼吸暫停，決定直接往急診走。躺在推床上，護理師翻開被子看看我的小腿和腳掌，說：「七公斤很多耶，妳知道七公斤的水有多少嗎？」她們覺得不可能有增加到七公斤，因為看起來沒那麼腫。但其實因身材比例的關係，我的手腳算得上是非常瘦，幾乎不長肉，對照平時的樣子，真的是腫很大，我的腳平時並不是長這樣……。

老公趕來，推我到處去檢查。驗血、驗尿、X光、超音波……還做了什麼？記不清楚，人很疲倦，一不留神就會睡著。但幾乎每到一個地方，都會聽到一次：「七公斤很多耶，不太像啊！」最後發現白蛋白過低（我測出為2.1g/dl，正常是3.8-5.1g/dl）。打了白蛋白、利尿劑，醫師囑咐要去看腎臟內科，不然狀況會惡化下去，病情會變嚴重。

第四天時，才知道七公斤不算多，因為我已增加了二十公斤，全身從頭皮到腳、背都腫得又硬又麻又痛。最嚴重的時候甚至無法下床走路。除了眼皮腫，眼球也腫到出水。腎臟科診斷是腎病症候群。從那天起，我和類固醇結下了不解之緣。類固醇不是仙丹，也不是毒藥，是我每天早上的第一餐。大概是因為這樣，所以我越來越不愛早起。

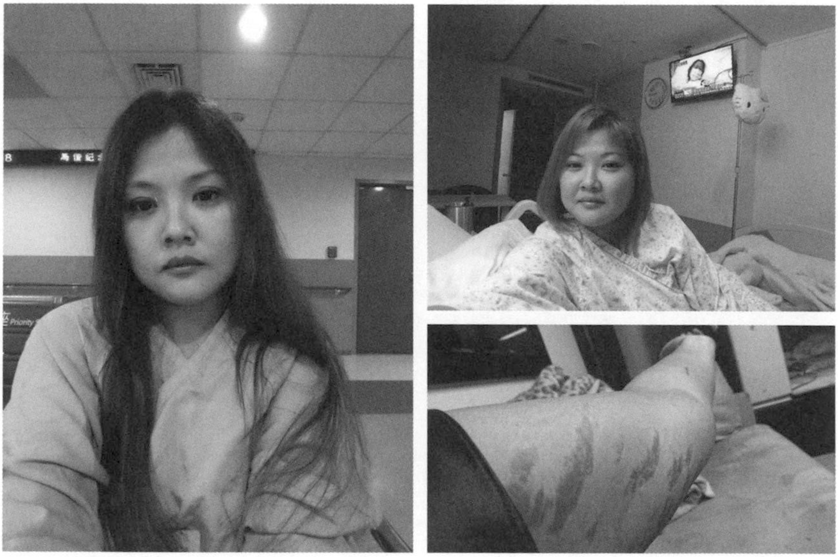

（左）剛發現腎臟病。（右上）生病後四個月，長期服用類固醇出現月亮臉和類固醇皮膚萎縮紋（右下）。

醫師建議盡量臥床休息，我剪去留了二十年的長髮，手起刀落就是六十公分。水腫加上剪髮，短短幾天時間，我的外表起了很大的變化，甚至很多親友都認不得。

經過幾天類固醇治療過後，由於身體對藥物反應很好，到脫水階段時可以在二天之內減輕二十公斤，但接下來會不停的抽筋，然後反覆發作。我第一次感覺到疾病來勢洶洶，甚至可能威脅到生命。

這段時間，聞到什麼味道都想吐，平時常用的乳液、洗髮精、沐浴乳都不能聞到。每樣東西都只吃得下二口（不誇張，真的是二口），除了……冰沙。有一天夜晚，喝不到冰沙竟成為壓垮駱駝的最後一根稻草。我下不了床，沒有晚餐就算了，我不在乎。只是想喝杯冰沙，一直在等待老公下班回家。

第一天，老公下班後接了一台急診手術；第二天有一隻子宮蓄膿併發敗血症的貓咪住加護病房需要值班。這些毛孩子沒有他會病死，我了解，若非遇到病危的動物，他也不會如此，只是眼淚就是很不爭氣。

不要說誰能照顧我了，我只有一個需要照顧的女兒。當時天真以為，只要好好配合治療，半年病程就可跨過。孩子看著我一下變大一下變小，一下住院一下坐輪椅，常常嚇哭，總怕我像她外婆一般，住院，住著住著就不會回來了。我總安撫她，過一陣子就好了。

老公說，等病好就帶我出國去玩，想去哪，幾天、幾國都可以，我也開心地在網路上找資料做計劃。但時間一天天過去，一次次取消各種行程。輪椅從租變買，舞台劇、電影票都一一退掉，有時一臥床就是二週。

老公居然說，我如果今年就病死，趕快去投胎，那麼在他六十一歲的時候，他還能娶回十八歲的我。有這麼說情話的嗎？

半年過去了，我並沒有好起來，狀況反反覆覆，類固醇只要減量就會再度水腫。我哭飽之後開始生氣，反正吃藥也不會好，甚至一氣之下十天不吃藥。結果水腫全身僵硬呼吸困難，昏倒在地幾次，換來更高劑量的類固醇⋯⋯。

九月，我住院做腎臟切片。這個檢查雖不罕見，但也算不上常見（起碼不是隨時有），於是引來一群醫學生圍觀。學生們太早進來了，讓我很不自在。不是應該等我準備好，姿勢擺好、衣服翻好，蓋好治療巾、洞巾再進來嗎？醫師讓我躺上床，翻身趴臥，我一動不動，提出抗議，請學生先出去，等準備好的時候再進來。滿肚子委屈，我家的醫師老公不能進來陪我，一群學生倒可以進來參觀。

我沒有拒絕參觀，只是不想那麼窘迫難堪。不過，顯然他們是誤會了，不再與我溝通，全部撤出去之後，在我消毒麻醉時，一個、二個，不吭聲的再全部走回來。我當實習生的時候，老師也常常用這種方式，莫非這是，報應？我想，醫師、老師、實習生們可能未必了解進場參觀時間點不同，病人的感受有這麼大的差別，至少我沒當病人之前確實不懂。

做腎臟切片不太會痛，但因腎臟是血流豐富的器官，所以腎臟穿刺會有某種程度出血的風險，壓迫止血是最重要的。

第一次穿刺後，穿刺針拔出時，要壓迫五分鐘，第二次穿刺壓迫十分鐘，第三次十五分鐘，壓迫的力量大概是二個成人的體重吧！檢查完超音波確定沒出血，就回病房躺著，傷口用砂袋加壓，絕對臥床[11]十二小時。

切片結果是甲型免疫球蛋白腎病變（IgA nephropathy, IgAN），這個疾病目前病因不明，也許和感染有關，也許和免疫有關。若是免疫，那心理層面或多或少是有影響的；也有可能是毫無原因，就是運氣不好就遇到了，那種感覺就像是走在路上突然被雷劈到，還要被問說，是不是平常做很多壞事？那陣子幾乎每天都會被問，

11 絕對臥床的意思是只能躺床，飲食、如廁都要躺在床上，接受餵食使用看護墊。

是不是吃太鹹？是不是憋尿？

◆◆◆◆◆◆

吃了一年的類固醇，副作用漸漸明顯。對一個愛美的女人來說，水牛肩、月亮臉、變胖、皮膚變薄、水腫、青春痘、手腳汗毛增多、傷口癒合力變差等，是一個不小的打擊，那真叫自慚形穢。走在路上遇到熟人，我只想躲起來，或是裝不認識。

更可怕的是我的皮膚，慢慢的變紅，出現紅紫色的萎縮紋，大腿、上臂，看起來就像燒傷後的皮膚疤痕。有些地方甚至像紅珊瑚，自己看了都覺得噁心。我雖有手術、懷孕、剖腹產，身

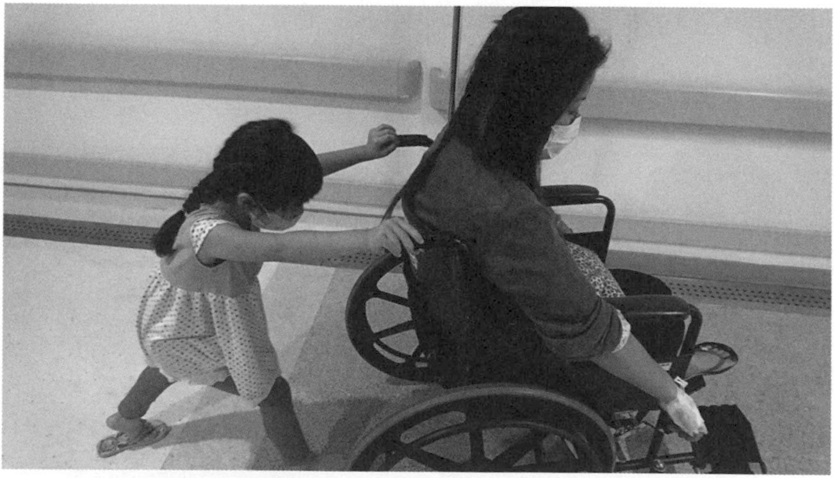

貼心懂事的女兒，才六歲就幫我推輪椅。

上卻一點痕跡都沒有。除了遺傳到爸爸的好皮膚，不會曬傷、不易留疤，還有老公很辛勤的幫我擦除紋霜、除疤凝膠，一天要抹上好幾次。

原先仗著皮膚不太留疤，不懂愛惜。婚後有老公百般呵護，無論多小的磕磕碰碰，他都會堅持每天幫我擦藥，至少塗上雪花霜、玉容膏、珍珠膏保護，然而如今看起來所有的付出盡付流水，我非常沮喪。老公卻說：「妳看那麼多人都在穿豹紋追求時尚，妳都不需要，自帶老虎斑紋，比豹紋等級更高。」怎麼好像不管多大的難關，到他那裡都能輕易跨過。

「妳腎臟病什麼時候才會好？」女兒很有耐性，隔三差五地問。

我不再搜尋旅遊資訊了，只想牽著老公和女兒的手，一步一步走下去。

第二章

傷痕修復師

01

傷痕聊癒室

如何安頓疲憊又受傷的心靈？
走進悲傷！悲傷是走進心靈深處的必要路徑。

李佩怡

悲傷療癒的力量

有生就有死。當我們慶生時，會想到我們的死嗎？倘若「生死」是一張牌卡，人們總是將「生」擺在面前，時刻忙碌著、張羅著、計劃著，所關聯的人事物總是為了「生」和「活」。突然一天，命運之手將牌翻了面，「死」躍入眼前，我們慌了手腳，不懂如何面對自己或親人的死亡。

人們不想談死亡，大概是因為圍繞在「生離死別」周邊的悲傷吧！

如果能撥開悲傷的愁雲慘霧，可能我們面對親人和自己的死亡時，會比較明白真實發生的狀況，然後清楚坦然地接受。所以，對經歷失落的悲傷狀態有所理解，其實是我們在生死之間得以擺渡的智慧。當我們越懂得悲傷，就越能接納自己沉重的情感，也就逐漸感受到允許自己悲傷所帶來的療癒力量。

悲傷緊扣心弦

我對悲傷有著深層的關懷，從事有關悲傷議題的工作是我生命的志業。感謝那時在我落魄生命中的知遇之恩——黃天中博士，他是美國某大學的副校長，我擔任研究助理，協助他閱讀整理非常多東西方死亡和臨終的資料。當時臺灣安寧療護剛開始推動，我閱讀的多是西方生死學和臨終關懷的資料，而其中多有悲傷輔導的觀點。能夠在年輕的時候，就聽到來自我靈魂深處的呼喚，要歸功於黃教授在陽明大學開「死亡心理學」的課程。

還記得，這門課的期末考試是以學生報告為主的學術研討會，所有的學生都必須要上台報告個人的生死學研究計畫。我在台下聽著學生們一整天關於「死亡」的研究報告，到了下午正感到昏昏欲睡的我，心裡突然出現了一個聲音是：

「李佩怡，你知不知道有一天你會死，你的家人會死？你死了，你的家人會悲傷。你家人死了，你會很悲傷。你該怎麼辦？」當時，我感覺我身上的每個細胞都瞬間被打醒，我的腦袋轟轟作響，我內在的心靈在那一刻醒過來，再也無法對死亡的失落與悲傷視而不見。

這個世界每一秒鐘都有人死去，每個死者的家人、與死者有關聯的人，都會陷入哀傷，這是不是一個很震撼的事實？這就是我生命中，關於悲傷的啟蒙。後來我去美國念書，學的是諮商，每一門課的期末報告，我都選擇與悲傷相關的主題。在我的日常生活中，看到關於車禍、意外等新聞，心裡常掛記著「遭遇死亡的這家人怎麼辦？有沒有人能為他們的悲傷做一點事情？」，這是我一直以來繫念在心的關懷。

悲傷療癒卡的創作

正因為對於生死與悲傷議題的關懷，促使我在進修博士期間，選擇馬偕紀念醫院安寧療護教育示範中心進行博士階段的諮商實習，在安寧病房的學習讓我更理解悲傷，更貼近受苦。回看我的專業生涯，可以說臺灣師範大學教育心理與輔導學系是培育滋養我的學校，而臺北護理健康大學生死與健康心理諮商系則是我實踐心願的學校。一直以來，我內心深處始終對悲傷有股深層的關懷，這一股原動力牽引著我的生命，走到現在。

悲傷療癒卡創作的機緣，是許多緣分聚集的成果。我的同事黃傳永老師鼓勵我研發心理諮商時運用的創作品，於是我想到「牌卡」。由於我寫了多年的詩，其中與悲傷有關的占多數，我希望研發出一套悲傷關懷的牌卡，讓牌卡扮演心靈陪伴者的角色，又可以是悲傷諮商使用的工具。於是，我們邀請具備悲傷輔導知能的藝術治療師、諮商心理師、及研究生組成創作團隊，展開了為期一年的創作合作。

首先，我完成文字的部分，牌卡的詩句是我從過去所寫的詩篇中精選重組再寫出來，之後，團隊夥伴們根據詩句的意涵，參照他們心靈的感受，加以作畫。每一次創作會議，創作者說明他的圖畫意象如何傳遞出文字的概念，我們反覆討論每張圖與文字的搭配，以及圖畫裡少了哪些元素，做為修改圖的參考。圖與文配搭的過程，是創作者們用自身的失落悲傷經驗和療癒的元素融入其中，所以這可能是許多使用者覺得悲傷療癒卡能反映他們的悲傷經驗並獲得撫慰的原因。

悲傷療癒卡的理論

我在創作牌卡的文字時，依據西方悲傷輔導與諮商的專家William Worden的四個哀悼任務為架構，凝聚慈悲心念，創作出四十九張牌卡文字，包含：**正視失落**、**體驗悲傷**、**調適變局**，**以及轉化連結**等四個主軸。每個軸有十二張卡，另以一張主卡彰顯全套牌卡的精神，此套牌卡的核心精神就是**「開放心靈接納悲傷、苦難洗滌**

心性光輝」。

先簡單介紹W. Worden四個哀悼任務：

1. 接受失落的事實：不僅是理性的接受，也是情感方面的接受。認知上明白「失落的事實」和「心裡真正接納失落」，後者會比前者更需要時間。面對失落，我們的大腦很快意識到事情發生了，可是心裡卻始終過不去，某些重大的失落在我們心裡，也許用一輩子的時間還不能接受。但隨著時間過去，面對失落事實，我們多少會感覺到情緒慢慢地鬆開一些，然後再鬆一些或是胸口不再是那麼緊、那麼痛，慢慢地覺得胸口可以打開來，那就是情感上的接受。

2. 經驗悲傷的痛苦：這裡所指的「經驗」是要去體驗「它是一個過程」，並非要求你大步跨過悲傷的泥沼，反而是要你**進入與走進哀痛**，**與悲傷攪和在一起**，**無法跨過也不能跳過**。人們常說要超越悲傷，以為是用很大的意志力去克服痛苦，讓自己不要悲傷而得以超越。但事實上，應要**以開放的態度接納自己在失落處的悲傷痛苦**，這才是經驗悲傷的痛苦。不可否認，這個過程非常難受。

3. 重新適應逝者已經不在的新環境：包含心靈的世界與外在的環境。我們常說「逝者已矣，來者可追」，通常把焦點放在環境的適應中。當逝者不存在時，我們怎麼總想著要去適應那些他已不存在的環境，卻忽略了心靈的世界。我們的心裡面有逝者在，而且永遠都在，不可能在心靈世界裡，隨著逝者的過世，將一切與他的情感連結一砍而斷。所以**如何調適心靈世界中，這個人一直都在，可是實體上不存在**，是悲傷的第三個任務。

4. 將情緒活力重新投注在生活中，且在生活中找到與逝者永恆的連結：這是個生活與悲傷的平衡，有新的生活、新的關係，但仍然和逝者保有連結，而且是永遠存在的連結。重要的是，當所愛的人過世後，如何去安頓自己處在平衡的狀態，不僅努力地過自己的生活，也同時找到方式持續去愛著逝去的他。

◆◆◆◆◆◆

悲傷療癒卡的四個主軸，正視失落、體驗悲傷、調適變局，以及轉化連結，基本上對應W. Worden的四個任務。每個軸有十二張卡，另有一張主卡共四十九張。為什麼是四十九張牌卡呢？因為在台灣的習俗裡，人死後會「做七」，七七四十九，呼應華人文化的精神。此外，「九」是進入下一個「十」的最後一個數字，彷彿是蟲蛹羽化成蝶之最後關鍵，正如同失落事件對個人是危機，卻也是轉化心性的關鍵時機。所以牌卡以四十九張組成，其中的意義就是接納悲傷，能為我們帶來心性質地的轉化提昇。

第一個主軸「正視失落」：內容是生命裡本有死亡，邀請當事人省察自己看待死亡的觀點，希望透過牌卡的圖文，鼓勵當事人對死亡更直接地看見，對生命有更深的領悟。

第二個主軸「體驗悲傷」：內容主要陳述的是，人在哀痛裡身心靈及關係的狀態，希望能藉由圖文讓當事人處在喪慟時，能對自己的悲傷反應有所覺察，並得到在幽谷行走時，所需要的微光。

第三個主軸「調適變局」：內容是死亡失落造成的變局，當事人必得適應生活環境與生命格局的改變，牌卡圖文提供某些調適的做法，鼓勵當事人從照顧自己的身體和心靈中獲得力量。

第四個主軸「轉化連結」：內容是以超越個人的精神層面或靈性的觀點，鼓勵當事人開放心胸，以精神靈性層面重新建立與逝者的連結，和擴大對愛的體認，願意與天地萬物的連結，或許能看見自己生命整體的轉化。

這四個主軸與任務不會單一發生，沒有先後排序，是同時進行的。例如：當所愛的人去世後，我們一方面知道對方已經死去的事實（接受事實），同時感到哀痛（經驗悲傷），家中的空間裡充滿愛人的物品，有待整理（適應環境），夜晚輾轉難眠的苦無人能曉（經驗悲傷），但若有幸夢見對方，則是清晨醒來時的小幸福（與逝者連結）。

悲傷療癒卡的應用

在失落發生的時候，有很多悲傷的功課不在我們的意識層面，而在潛意識。意識多半是清楚理性的，而潛意識則是被意識壓抑下來的情感。由於悲傷不是人與人互動時容易被接納的狀態，於是悲傷就被壓下來擱置在潛意識裡。當我們在應用牌卡時，是先被圖像吸引的，圖像反映了我們潛意識裡一些內在的狀態。潛意識很快將壓抑的悲傷狀態投射在牌卡的圖像中，是比文字更貼近內心深處的真實情感，之後才與文字連結，為圖像賦予意義。

牌卡的使用，沒有一定的規則。可以變化許多方式進行，重要的是柔軟的心與自我覺察。以下先分享其中一種使用方式：

(1) 用直覺從悲傷療癒卡中挑出五張，排成一個十字，回想一個過去失落的事件。

(2) 橫線從左到右依序是：過去的心情、現在的狀態、未來的期許。左邊是過去的你，受到失落事件影響，依當時的心境來選擇圖像；中間是現在的你，對於這個事件感覺到有些不一樣了，選一張來反映現在的心境；右邊是對未來的期許選擇，選一張來表示希望自己的未來圖像。

(3) 縱線選擇兩張牌卡，上面的牌卡是在面對失落的這段日子以來，最能倚重依靠的力量。下方的牌卡是心靈深處最幽微的聲音，覺得沒有人知道、沒有人理解，最需要被自己認可的心境。

(4) 選好後，先看一下這五張牌卡有什麼特色：有什麼共通點？是人還是景物？是小孩還是大人？有哪些色彩？哪些形狀？有相似的地方嗎？

(5) 找一個朋友分享自己的故事，可以講其中一張卡，也可以五張都講。請對方先聽你說就好，不要打斷也不要回應。

(6) 接著翻過來看圖卡背面的文字，文字的那面還有一個小圖案，看看那個圖案，有怎樣的涵義？感受一下正面和背面圖案的不同。

(7) 最後，可以拿一張圖畫紙，黑色或是白色都可以，在圖畫紙上畫下使用圖卡之後，對自己失落事件的感知，也可以回頭看看挑出來的五張牌卡中，有哪一個元素是最有感覺的，圖象、色彩、樣子都好，把它畫下來，隨意創作。

(8) 畫完之後，也在圖畫紙背後寫一首詩給自己，為自己的圖畫命名，把感受用文字寫下來，這就是專屬於你的悲傷療癒卡。

「話」「聊」悲傷

以下分享二次悲傷療癒卡的實際應用，這二次的實作都是約一個半小時的會談紀錄。

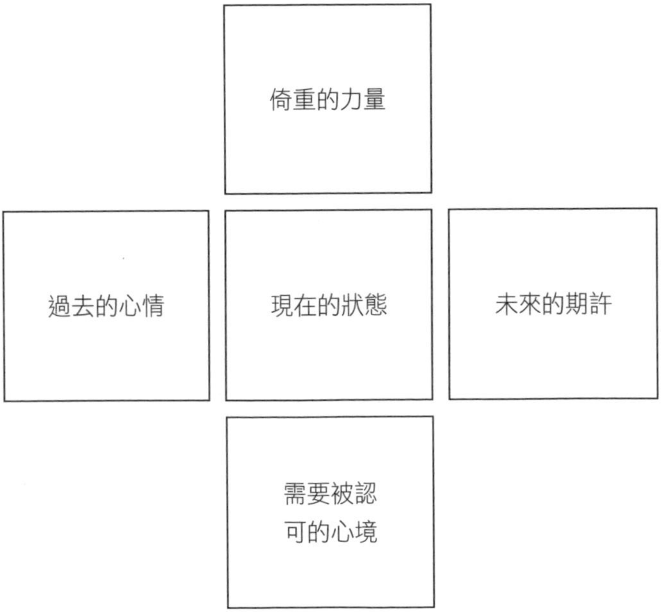

實作一

佩怡：請先看著面前的悲傷療癒卡，用抽的也好，看圖片用挑的也可以，以你覺得有感覺的，挑三張，說說看那個感覺是什麼？

芯秦：我的感覺是心碎。

佩怡：直到現在，妳的心都還是這樣的狀態？

芯秦：是的，我覺得牌卡（左）的手掌後面就是牌卡（中）那顆破碎的心。破掉一個洞的心，躲在手掌後面。心很痛，所以用手掌壓著。

佩怡：這是從事情發生的當下，那個時刻，一直到現在。妳有希望這顆心後來會轉變嗎？如果今天能夠為將來設定一個目標也好，一個期待也好，妳希望這顆心之後會怎

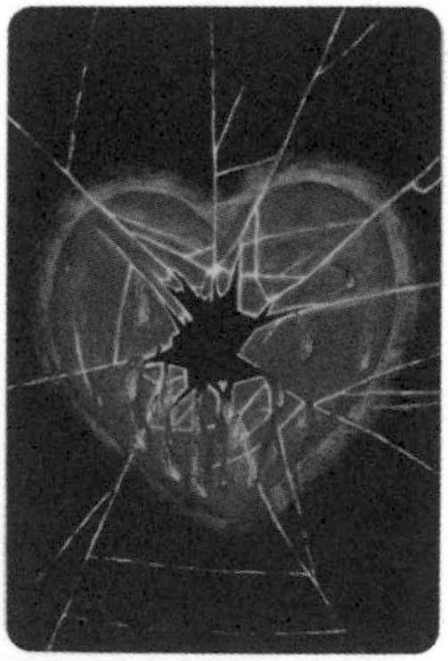

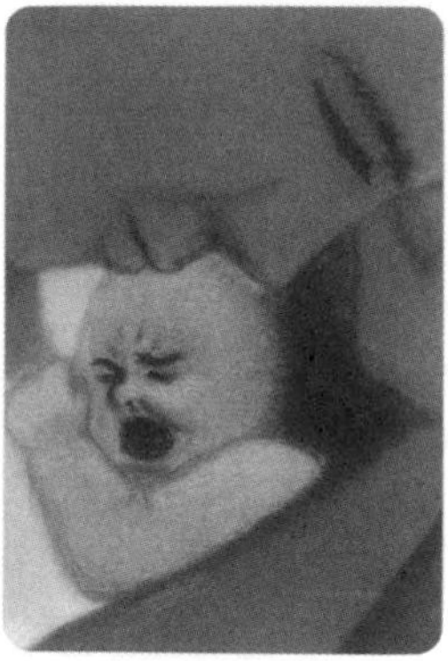

（實作一）悲傷療癒卡：左、中、右

麼樣？

芯秦：我期待的不是這顆心轉變，心很痛，所以用手掌壓著或遮著。可是心碎了就是碎了，痛還是很痛，但是，看待這顆心的眼光可以不一樣。

佩怡：那麼牌卡（右）的小孩子呢？

芯秦：這個孩子就像是在啼哭著抗議，別人沒有辦法接受。我只希望看待喪母這件事情的眼光有所改變，但是我還是同意我自己，處在這樣的狀態。

佩怡：我試著理解一下，所以這個孩子彷彿是妳，是嗎？牌卡（左）的人也是妳，妳希望能夠理解自己，處在這樣的心碎、啼哭吶喊、痛苦的狀態。而妳自己是接納的。

芯秦：嗯，是的，我接納。我很清楚知道這是一個很正常、很好的悲傷反應。但是，我總是感覺這個世界上，大部分的人對悲傷太陌生了。以至於我們好像是在螳臂擋車，想要很正常地哭泣時，周圍的人總是要求或是覺得妳不應該這樣。妳有小孩需要照顧，妳有先生，妳要堅強一點……。

佩怡：這些聲音對妳來說？

芯秦：如果這些聲音來自於朋友，我可以不予理會。但有時候這些聲音是來自於家人。還好我的先生，雖然他並不熟悉悲傷輔導，但在我哭泣的時候，他不會試圖安慰我，打斷我的悲傷表達，他會塞一個絨毛娃娃給我，或是抱抱我，靜靜的在旁邊陪伴我。我很慶幸，至少我在我的家庭裡是沒事的。比起很多人來說，已經是幸福很多了。我看過弟弟在Facebook上寫過一篇短文：

媽媽，我41歲了，在妳心裡我應該還是一個孩子吧！妳走得太匆忙，我們沒有機會好好說再見，還有很多話想說，我們以後再慢慢說吧！我不太想回去妳和爸爸的家裡，因為那個家裏沒有妳，但我還是有回去看爸爸。這幾天非常的想妳，心裡很難過……

那篇短文底下的留言，我覺得好殘忍，因有長輩回：「失去才知道要珍惜，父母在的時候都認為理所當然。」我覺得這樣的留言真的好殘忍喔！在我周圍這樣的人是少數，雖然還是有一些。我至少有很多同學、老師是對悲傷非常熟悉的，他們也可以理解。

佩怡：我們要朝著自己所需要的方向。當妳知道自己的心痛和心碎沒有辦法彌補，而這個痛和心碎是很好的，妳所需要的只是一個善待，善待自己的悲傷。圖卡（左）的手是遮著那顆破碎的心，就是因為知道這個心痛的不得了。這張圖是我畫的。

芯秦：我想起老師曾經在一堂課中分享「心痛的感覺」。心痛不是腦子痛也不是心臟痛，心痛的位置是在胸口。

佩怡：所以這張圖是捧著心在流淚的，圖上的小鳥是祝福的意思。

芯秦：我從來沒有看到圖上有一隻小鳥。

佩怡：慢慢看，圖上還有很多很多的東西。鳥是有用意的，希望他能夠在痛苦當中，找到祝福。這張圖的背景是生老病死，圖上有老人，有媽媽抱著嬰兒。大地都枯了，這個是死亡。下方的池塘裏面，也是有生老病死，綻放的蓮花、蓮蓬、還有枯萎的蓮花。只要身為人就脫離不了生老病死的循環，所以落淚、難受和痛苦都在心裡面（中間圖卡），而心的外圍圍繞著的是光，心裡

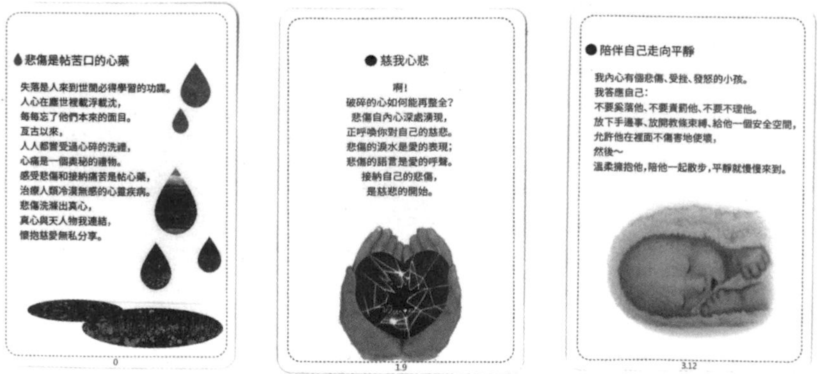

（實作一）悲傷療癒卡文字說明：左、中、右

面的痛會轉化成光。那到底怎麼轉？我們來看看圖卡後面的文字：

悲傷是帖苦口的心藥（牌卡左）
失落是人來到世間必得學習的功課。
人心在塵世裡載浮載沉，每每忘了他們本來的面目。
亙古以來，人人都嘗過心碎的洗禮。
感受悲傷和接納痛苦是帖心藥，治療人類冷漠無感的心靈疾病。
悲傷洗滌出真心，真心與天人物我連結，懷抱慈愛無私分享。

慈我心悲（牌卡中）
啊！破碎的心如何能在整全？
悲傷自內心深處湧現，正呼喚你對自己的慈悲。
悲傷的淚水是愛的表現；悲傷的語言是愛的呼聲。
接納自己的悲傷，是慈悲的開始。

陪伴自己走向平靜（牌卡右）

我內心有個悲傷、受挫、發怒的小孩。
我答應自己：
不要奚落他、不要責罰他、不要不理他。
放下手邊事、放開教條束縛、給他一個安全空間，
允許他在裡面不傷害地使壞，然後～
溫柔擁抱他，陪他一起散步，平靜就慢慢來到。

佩怡：有感覺嗎？

芯秦：有，我覺得這一路走來，我做的很好。

佩怡：那很好。所以妳陪伴自己走向平靜，包含給自己很安靜的空間，整理出一個相當於書房的地方，可以書寫。照顧自己，不受到外在聲音的壓迫，這樣很好。

芯秦：我覺得自己的心靈越來越強壯。我經驗過家人自殺死亡、溺水意外、癌症，而這一次我面對的是另一種，急性疾病的死亡，是一個完全陌生的悲傷狀態。

佩怡：我對這個部分有一點聯想。妳母親走得急切，是一個急性的狀況。她突然的病發，好像身體原來都毫無病癥，可是她卻覺得極端不舒服。妳和她的病狀有

點像，如果這個生病是跟心理的狀況有所關聯的話。妳媽媽可能也是在悲傷的心裡痛苦中轉到身體上面。

芯秦：我得到腎病第一次住院時，我覺得自己和媽媽很像。

佩怡：這些身體的吶喊都是在提醒著，要注意自己了。妳曾說過一句話，我覺得很重要，就是妳總是把重心都放在媽媽身上。是時候該把重心放回自己身上了。所以妳的疾病是要求妳要來照顧你自己，要注意到自己發生了什麼。

實作二

佩怡：面對媽媽在很短的時間離世，我想到的是妳的靈魂受到驚嚇，或說妳的情感受到極大的震盪。原本的情

（實作二）悲傷療癒卡：左、右

感平衡狀態似乎在「媽媽突然因急症過世」起了變化。妳半夜的哀號，似乎是靈魂處在極度的絕望裡面，我很希望妳的靈魂能夠得到安撫。抽張牌卡吧，來看看有什麼需要被安撫的。

芯秦：我覺得，這很像當時的我。

佩怡：眼淚都流成河了。

芯秦：我的眼睛都哭壞了，我過去四十多年來，眼睛好的不得了。突然之間視力模糊了，非常不適應。去看了醫生，居然是近視。雖然很奇怪，但是事實就是這樣發生了。

佩怡：所以妳覺得這張圖片在當時是心碎的？

芯秦：從那時候到現在還是這樣。我從來不知道眼淚可以有這麼多，而且看起來沒有減少的趨勢。

佩怡：如果讓妳來寫這張牌卡，為這張圖畫搭配文字，試試看會想怎麼寫。當然如果後面的文字對妳是有意義的話也行。不過，妳自己來寫的話，可能會是更悲傷。有空回家可以試著去寫寫看。

芯秦：牌卡上這個人的姿勢，除了悲傷之外，應該也有很大的恐懼與不安，所以會縮成一團。其實，我的狀態跟圖卡後面的文字很像。有多愛就有多悲傷。我們從來沒有打算要愛一個人多久，所以悲傷當然就永無止境了，這是必然的存在。

佩怡：妳提到的恐懼與不安，這部分可以再去看看是在不安什麼？在恐懼什麼？當然應該是擔心媽媽的身體？。

芯秦：其實我希望她死去，可是我又對這個想法很害怕（哭）。因為我看到的她很痛苦，第二天和第三天早上，都有親友把她吵醒，那讓我和弟弟很生氣又不捨。我們很希望她睡著，因為她一醒來就要承受這麼大的痛苦。有一次我進去加護病房時，看到媽媽咳嗽得很厲害，很像是嗆到，想到她氣管裡還有那麼粗的氣管內管，一定非常痛，真的很不捨。所以後來我和爸爸、弟弟就決定要限制訪客了。

還有一次看到媽媽的嘴角有血，我就想，她是不是有企圖要拔管？還是發生什麼事所以受傷了嗎？我跟護理人員反應，她們說，那個應該只是睡著流口水，但因氣管內管有一些創傷，所以會有血。我很慶幸只有我一人看到，因為看她這樣掛著一條鮮血，覺得她好痛苦。我很希望她可以離開痛苦，寧願她死。可是我又覺得，希望自己的媽媽死，好像是一件很不應該的事情。

最後一晚時，從晚上十點多到醫院等到天亮，在等她心跳停止嗎？我一方面希望，這個心跳停止趕快發生，這樣她就不會再受苦，可是又覺得，我好像不應該這樣期待。心電圖上的線條、數字到底有什麼意義？她當時身體已經是冰冷發黑，我心裡很清楚知道她已經走了，只是靠著強心劑留著心跳和呼吸氣在那裡躺著。

佩怡：所以其實到後面有一段時間是靠機器，假象地的維持著生命的徵象，在我看來，不忍親人受苦是最大的心疼。我覺得妳對自己有點苛責，妳不是希望母親死，是不忍心她痛。機器跟管路都在身上，這些疼痛都停不下來。但也因為已經插上這些管路，所以也只有希望她早點離開。妳說的「希望她死」其實上只是希望她不要痛，不在痛苦的狀態下離開人世。

雖然當初決定插管，是妳不得不做的決定，若換作是我，我也會做同樣的決定，因為後來的發展，誰知道呢？以常態的狀態下來想的時候，都還是有機會治療的，那位主治醫師看過那麼多病例，很多都救得回來。以他的方式來做治療是正確的決定，若一開始決定就不做治療，反而會讓人覺得奇怪。所以，妳所做的決定，都是在常理判斷下必須要做的。

至於靈魂的受傷，妳需要慢慢地去理解，到底當時為什麼這麼做？用常態的眼光來看，若換成別人來做決定，是否也會如此？當時一些行為，若別人覺得奇怪，為什麼還要這麼做（比如護士很訝異妳怎麼這麼早就跟媽媽道別）？來看看左牌卡後面的文字，有些話是妳需要去聽見的。

空虛縈繞著我（牌卡左）

你不在之後，到處尋找你的身影。
很多很多的遺憾，
是來不及對你說的愛；
是很深很深的思念，
是想要再次緊抱你的渴望；
很苦很苦的折磨，
是想到再也見不到你的折磨；
現在環繞自己的是無時無刻的空虛。

芯秦：有很多時候，我覺得自己好像很討厭媽媽，但在心裡還是很愛她，這是可以確定的。其實我也很害怕她死，可是我又不知道要怎麼去面對，又因為很理智的知道，她就是要走了。所

○ 有多少眼淚，就有多少愛
我狂瀉而出的淚水，
是因為～
無法挽回遺憾仍是遺憾，
無法彌補的生命缺口仍是缺口。
只是當我盡情地流淚後，
在灼熱的胸口
氾濫而出的是我對你無盡的愛！
2.2

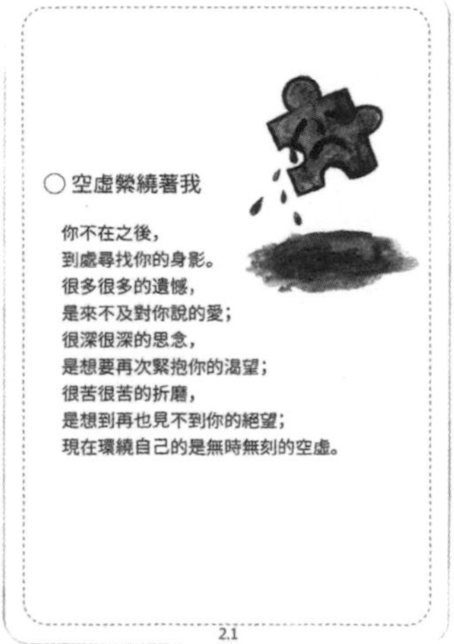

○ 空虛縈繞著我
你不在之後，
到處尋找你的身影。
很多很多的遺憾，
是來不及對你說的愛；
很深很深的思念，
是想要再次緊抱你的渴望；
很苦很苦的折磨，
是想到再也見不到你的絕望；
現在環繞自己的是無時無刻的空虛。
2.1

（實作二）悲傷療癒卡文字說明：左、右

以沒有辦法像電視劇演的那樣大哭大叫，只能夠很平靜的接受這一切的發生。

佩怡：可以感覺到妳心裡幾乎有劇烈的疼痛，痛到妳幻想著可以像電視上演出的方式一樣情緒化。但妳們做不到，也不會這麼做，只是心裡有這樣抓狂的畫面和想法。這個抓狂的痛苦，很像是失去媽媽的痛，在完全沒有預期的狀態下失去她，這個當然可以憤怒，可以去很張狂地發洩情緒。但理智上不這麼做的原因有很多，第一是我們都了解醫護人員已經盡力；第二是我們有醫護的相關知識知道她們是該這麼做，所以妳才會理智的克制自己，幫助自己去緩解抓狂的情緒。但有緩衝，不表示妳不痛。

很抓狂、很痛的情緒從那時到現在，都還在述說著思念與痛，妳卻遲遲沒有讓它在那當下宣洩出來。而那個痛延續到現在，正慢慢地一點一滴在釋放，包含目前妳所生的病都有相關。很多人在面臨喪親之痛後，隔沒多久都生病了，我聽過好多例子都是這樣。

芯秦：其實媽媽本身也是這樣，在她類風溼性關節炎發病之前一年，是我外公過世。而我們本來以為再也不會去那家醫院，因為有著太可怕的回憶，但沒想到當年的八月，我們又去那間醫院，因為爸爸皰疹病毒感染到眼睛，需要住院。而這也是跟免疫力不好相關的疾病。

佩怡：所以你們需要為媽媽突然離去的創傷再多做些什麼，因為你們的靈魂都很傷痛。

前面兩個實作，是我與芯秦應用悲傷療癒卡的談話。會談過程中，我以悲傷療癒卡做為我們會談的起點，邀請芯秦對牌卡圖像進行投射，將她在短短一週失去母親的喪慟藉由圖像反映出來。而我所做的是，要對芯秦的心靈痛苦持續地做真實深刻的理解，讓我的理解能貼近她的心靈世界。

有時，我會分享圖像所反映的悲傷，或者我會藉由圖像與她所敘述的內容，做某種直覺式的關聯，並邀請芯秦核對這些直覺式的理解，進而與她實際的喪慟經驗之間可產生更豐富的交流。牌卡的文字不是一開始就要呈現的，而是在芯秦對圖像有充分的經驗敘說後，才讓文字出現，再邀請她對文字內容，說出她自己的想法，或許可以由其中建構出某些意義。

悲傷好了沒？

悲傷要走到什麼時候會覺得「好了」？最主要在於，當我們經歷喪慟之後的轉化，我們可以核對自己在看待人事物與自己的觀點上有什麼轉變。請注意到這些轉變並不是用頭腦概念來教導訓誡自己「要接受吧」，但在情感上仍將痛苦埋藏起來，而且無法感知到意義與自己的關聯。這樣的悲傷是還沒有轉化的。

悲傷「好了」的狀態，並非從此以後就不悲傷，而是將之轉化。你會發現「我不一樣了」，看待自己、別人，以及對待人的方式都不同了。特別重要的是對待自己的感受不同，覺得內心有新的自己正在茁壯，或感覺已孕育出新舊合一的自己，這就是轉化。而這個轉化的過程是漫長的，很幽微的。

為什麼悲傷轉化的過程是幽微的呢？當人們認知到死亡發生時，會知道有一個「失落」正在考驗著自己。任何的失落都會引發人們很深的痛苦，而痛苦就存在身體裡。人的集體潛意識是連在一起的，就像深沉的大海，海裡有自己也有別人，有長輩、有祖先，甚至歷經戰亂的過往，那些都在人們的集體潛意識裡面。這也就是為什麼，**悲傷的功課很沉重**。悲傷的痛苦，語言無法完全表達，即使表達出來也是模模糊糊的。身體比較能夠反映情感與哀痛，所以**有時身體的疼痛，所反映的是自己的悲傷**。

每一個大大小小的失落，其實衝擊到的是自我概念。因為在成長過程當中，所組織、消化、吸收的「我是誰」，是經由與他人的互動關係以及許多生命經驗去組合來的。如：我是一個快樂的人、我是一個聰明的人、我是一個有能力的人、我是一個被愛的人。

失落引發的情緒經驗是痛苦且複雜的，自幼所經歷各種失落的情緒經驗，在童年幾乎無法好好的被大人或自己理解，於是就被堆放累積，擱置到意識的地下室——潛意識心靈世界。成年後，當我們在現實生活經驗到失落時，這些受傷的、混亂的情緒就從潛意識跑出來，這是因為當前的失落造成自我控制的功能低落或自我功能的瓦解，那些沉積在心靈世界中複雜且幽微的心緒經驗才有機會被成年的自我經驗到。這些受傷的痛苦情緒，等著被自我理解和接納；自幼被壓抑的心靈真我，等著被自我體驗和認識。

被生命及被命運擺佈的我們，如何接受生命當中不得不承受的重量？如何安頓疲憊又受傷的心靈？如何繼續走下去？如何在苦中可以作樂？如何穿透命運的考驗，得到某種人生的智慧？如何在哀與樂之間找到平衡？如何轉化悲傷成為慈悲的心性？這些問題都沒有標準答案，每個人尋找答案亦有其獨特之處，都是困難不容易的。雖然如此，我們為生命的苦難所做的努力都不會白費，因為當我們接受命運的考驗，走艱辛的道路，轉化就在一步步中產生，心性就在一時時的痛苦中開展出慈悲，真實的智慧就在你茫然困頓之際從心裡發出聲音來，引領你面對。所以，**轉化唯一的路徑就是走進悲傷！悲傷是走進心靈深處的必要路徑。**

如果想要跟自己的悲傷有更多的連結，可以透過寫詩、畫畫，這樣也許能更進入到哀傷裡。不要去寫些很理性層面、振奮的文字，因為這樣是拒絕了哀傷。例如，不由自主地隨手寫在便條紙上的「痛，什麼時候能了？」，就比有計畫地拿起日記本寫著自我激勵的話「我要化悲痛為力量！」更接近心靈世界。

療癒悲傷的力量是一種倒退（regression）的能量，不要以為倒退沒有力量喔！悲傷的人常常說，「我覺得我的生命停止了。別人都在前進，世界在往前轉動，但是我停在這裡，我無法前進了！」但是這無法前進、向後退、停在原地的感覺，也是一種能量，是陰性的能量，會帶著我們往心靈深處下探，往個人內在走的能量。這股能量能導引個人尋求內在整合，安頓自己的心靈、認同自己的感受，找到自己得以平靜的力量。這一股倒退的陰性能量並非是要向外擴展、與外在世界產生勾連互動的陽性能量。所以我們要認識這樣後退的力量，學習和悲傷共處，陪伴自己、接納自己、看懂自己、諒解自己。然後，因為容許自己悲傷，帶來自我療癒的轉化漸漸發生，這個時刻來臨時，你一定感知到「你好得多了」，不是「悲傷好多了」，因為終究你要療癒的對象，不是悲傷，而是你自己！

如果您想要「悲傷療癒卡」，捐款八百元即可獲得一盒。
歡迎跟台灣失落關懷與諮商協會聯絡：caring.for.loss@gmail.com。

02 生死醫護現場

我有種強烈的挫敗感，好像是我輸了。
但是，輸給誰呢？輸給他，還是輸給上帝，
還是輸給這個社會？

方俊凱

他們的故事

傷痕

小白是個女孩，在家中排行老么，她面容姣好，還有模特兒般高挑修長的身材，深受父母兄姊的寵愛。但是在她就讀國中時，媽媽得到癌症，治療過程並不順利，最後住進加護病房，經過急救之後還是過世了。

小白和媽媽的感情很好，媽媽的離世對她造成重大的打擊，特別當時小白正處青春叛逆期，因此狀況格外的不穩定。面對沒有媽媽之後的人生，她適應上非常困難，甚至出現自我戕害的行為。

她的自戕方式比較特別，雖然是常見的割手，但是並不是井然有序的平行傷口，而是胡亂地切割。整個左手，從手腕到上臂都是割痕，怵目驚心。她來到門診時就是這個狀況。

小白到我門診就醫一段時間後，逐漸穩定下來，但是在面對職場工作時，又發生了危機。她原來嚮往演藝或模特兒工作，也積極認識許多一線歌手，但由於手臂上的傷痕，使得這樣的憧憬在現實生活中無法達成，後來去做加油站的工作。每當天氣轉熱，小白穿不住長袖，也因此遮不住傷痕。交往中的男友，關係想要再進一步時，看到她手上的傷痕累累，沒有心疼只想逃離。如此面臨一波波的打擊，家人雖關心卻無能為力。

我察覺她的不穩定，要安排她住院，但當下沒有床位。隔一周她來門診，因為不耐久候也不想談話，小白告訴護理師，她不要看診，只要拿藥就好，她可以繼續等住院（當時的門診都要看到半夜才能看完）。我請護理師再三確認，最後開藥給她。但是過不到二個小時，我還在看門診，有人通報，醫院對面有人跳樓自殺。我心想，會不會是小白？就提供相關資料給警察局，不久收到回報確認是她。

門診結束，我去警察局。小白的家人都在。我和小白的爸爸相對無言，他哭得很厲害，我唯一能做的就是給他深深的擁抱，陪著他讓他哭，不知道過多長一段時間，他們要做筆錄，我先離開。一踏出警局，小白的哥哥姊姊就追出來，感謝我對小白的照顧。其實在此之前，我沒見過他們。

一周後的門診時間，小白的爸爸來拿診斷證明相關文件。小白的人緣很好，她的自殺影響許多人，包含她在醫院結交的一群朋友，我的其他病人。但影響是好的，她讓我的其他病人察覺，自殺死亡後，對留在世上親友是非常殘忍的，也因此他們相較之前多了許多正面思考。事發後的半年到一年之間，小白的病友狀況都逐漸改善，也比較願意接受規則的藥物及心理治療。

我常常想起小白，特別是在聽到小白認識的那些歌手唱的歌曲時。我後來努力擴大自殺防治中心的規模、增加人力，想來也是受小白的影響。另外，我特別關注、推動一波防高樓跳樓的策略，包含公共場所的高樓管制、私人住家的相關管理等。雖曾經試著想讓危險性高的病人先看，但是這樣一來門診秩序很難維護，再者，高危險的病人也不少見，只得作罷。

完美先生

一個年過不惑之年的失業者，在人們腦海中的形象，不外乎是潦倒落魄的中年醉漢，亦或是一個不起眼到幾乎可令人忽視的普羅大眾身影。但是，這位「完美先生」，卻徹底跟這兩者不同。

跟他對談過的人都不禁訝異，那雙哀樂中年的眼底，怎麼還能閃現出天真自負的少年神氣？嘗遍成敗辛酸滋味的雙唇，吐出的字串，依舊是滿腔對現實的憤懣，而非經歷磨練後的圓滑。

除了心態像希臘神話中逐水仙倒影而死的自戀少年，完美先生對外表也非常的在意，即使是在住院時，也要打扮的光鮮亮麗，彷彿影帝降臨，無懈可擊。然而，在這乍看完美的形象背後，卻有著一個不完美的人生故事。

早年，完美先生曾任某大報社台柱記者，本來生活倒也衣食無缺，有名有利。只是他心高氣傲，在記者圈內人緣一向不太好。後來，報社出了狀況，他被資遣後一直有經濟壓力，也曾陸陸續續做過許多工作，卻都無法做得長久。

他向來自恃甚高，低賤的工作如服務業等他絕不做；如果這份工作需要看人臉色，可能讓他感到被鄙視，他也不做。寧可沒工作，也要保留尊嚴。這樣高傲的堅持，卻令他的人生充滿了更多磕磕碰碰的傷疤。他常故意服藥引發氣喘，或吞大量藥物企圖自殺，於是醫生與他的生命開始有了交集。

他的人生開始週轉於病床之間，不斷的反覆企圖自殺，反覆入院。每次出院後，大約二到三週就又住院了，因此，病房裡很多醫療同仁們都照顧過他。

那年的一月，是完美先生最後一次的住院。這次住院，整個團隊動用很多人力、想了很多方法，把他之前的同事、好友都找來。幫他找到一個還不錯的工作——兼差在演藝圈當場務。豈料，三月來門診時，他卻說他對一個月五萬元的薪水不滿意，所以沒繼續做了。因為他十多年前在演藝圈的工作，一集節目的薪水是壹萬五千元，現在一個月五萬，也不論他的年資，完全當他是個新人，讓他無法忍受。

四月，他沒有再回門診，醫療團隊覺得不對勁，於是個案管理師不斷地聯繫他，他卻不再接任何一通電話。到五月份時，個案管理師終於聯絡到他家人，卻從他家人口中得知，他已自殺死亡二週。

無能為力

王先生因為使用海洛因感染到愛滋病，是愛滋病帶原者。他曾因為持有並使用海洛因坐牢一段時間。出獄後，找到一個可以短暫收容的機構，但這只是短暫的。

由於王先生長期憂鬱，有想死的念頭，所以就被轉介來到馬偕醫院門診，也因為嚴重的憂鬱而住院治療。

但醫療機構不是安置機構，所以無法長期安置他。我一直試圖想幫他找一些相關的機構，但是很困難，很多機構都不願意收容毒癮者。勒戒所或安置精神病患的機構也不敢收留他，因為他是愛滋病帶原者。

任何機構只要清楚王先生的狀況就不要他，我跟王先生討論很久，最後他自己發現，需要找個工作，自給自足，才是可行之道。之後幾週，王先生離開偏僻的收容所，住到離市區較近的宗教機構，開始積極找工作。

大約三週後接到通知，王先生使用海洛因過量，送到醫院時已經沒有呼吸、心跳。我從專業判斷，他並非是使用過量。因為他算是個老毒蟲，很清楚用量，而且他也沒什麼錢，不可能剛工作領到錢，就買到過量，亂打一通。再加上他曾說過：「如果人生繼續那麼沒有希望，我想要用海洛因結束自己的生命，因為我就是被海洛因毀了一生。」

所以，當我一接到這個通知，腦海中馬上的想法是：「他一定是自殺。」曾經所有照顧過他的工作人員都非常挫折，醫療團隊都是一樣的感受。大家和王先生一起奮鬥了五個月時間，很瞭解他的處境，他真的是無路可走。雖然染上毒癮後，對這個社會很難有些什麼了不起的貢獻，但是當他們想要重新開始，想要站起來的時候，大家還是很想幫上忙。

這些染上海洛因的人，自殺的機率非常非常高。在澳洲有個研究發現，注射海洛因第一年的人，十分之一有自殺行為，注射三年的人，有二分之一出現自殺行為。即使知道王先生是自殺的高危險群，但明明知道危險，能提供的服務卻是非常有限，因此讓人感到十分無力。

百分之零點五

小青自幼父母雙亡，一個人孤伶伶的，靠著修女們的協助才能長大。他在自殺前六年，主動來門診就醫，因為他非常憂鬱，沮喪到無法繼續唸書，已經大學四年級，卻只能無力地看著其他同學畢業。

他曾經告訴我，人生最大的夢想就是要當基督教會的傳道人。但是，他很不能理解的是，為什麼當決定要為主耶穌獻上人生的同時，考試成績被當，無法畢業。所以他休學，陷入嚴重的憂鬱。

我一路看著他、鼓勵他。休學之後，他也學了一技之長，很努力的活著。他每次來門診時，總是呈現最好的一面，報喜不報憂。我問：

「真的過得很好嗎？」

他卻從不告訴我，他其實有多麼不好。

過了些時候，他終於決定回學校讀書。但是讀書期間，只要是上他之前被當掉的那門課時，幾乎是一直呈現恐慌發作的狀態，用了許多藥物幫忙，也做了很多心理建設，到學期中勉強是穩定住。但是由於先前缺課太多，老師擺明地告訴他，不可能讓他及格。所以他在期末考前一天，放棄任何可能挽救的機會，又再度休學。但是這次休學，幾乎是沒有回頭的路了。

小青想當傳道人的夢想沒有改變過，所以他持續和國外的傳教士有聯絡。有個國外的教會機構願意幫他出錢，讓他出國進修。結果小青到了當地卻被海關扣留、起訴，認為他是非法移民，因為他沒有工作，也不是學生。當時他有找駐外使節，但是沒多大幫助。機場的海關人員也不讓他聯絡當地的教會，最後他被遣送回台灣。

我知道他出國，本以為會順利地進神學院，但有一天突然收到一封他寄來的信件，信上描述他這次出國被遣返的過程，覺得很沒天理，忿忿不平。最後他對我說再見。那時，他應該已做了人生第一次嚴重自殺的舉動。

我透過馬偕自殺防治中心和警察局找到小青，輾轉幾家醫院，最後把他救回來。在住院期間，發現他有躁症發作的現象。關於病情告知，我已經非常小心的和他討論。但他完全無法接受，自己的人生是如此雪上加霜。也是那次住院，我才明白他幾年前來報喜不報憂，可能是輕躁發作的狀態。

出院之後，他只回來一次門診，就不再來。我又透過自殺防治中心為主的許多管道，再把他找回來。他在門診大發脾氣：

「我願意來門診，是因為我求生的意志還有百分之零點五，我百分之九十九點五是很想死的。我沒有家人了，但你一直支持我、鼓勵我，我才願意給你百分之零點五的機會。哪天我不想給你機會時，就是我死掉的時候。」

那天是夜間門診，時間已是深夜十一點。聽完他的話，全身起雞皮疙瘩。雨夜裡，開車回家的路上一直想著，他有沒有安全回家？會不會突然再發生一件什麼事，或是出個什麼差錯，那百分之零點五就沒有了？

後來，他的感情受挫，又再度自殺。我再次透過當地警察到他家把他救出來，輾轉送到醫院。出院後，狀況維持的還不錯，直到農曆新年後。那次，他回門診就醫，送給我一個親手做的娃娃。他大學讀的是與建築設計有關的學系，這娃娃是他到處去撿一些廢棄材料做的。上面寫著：

「我的生命雖然微不足道，但是你把我放在心中。你那堅強無比的心，安慰了無數脆弱的靈魂。」

我看了很感動，也很真誠地感謝他。但那次卻是他最後一次來門診。我請自殺防治中心的個案管理師嘗試聯絡，但是都找不到，最後透過社工師的家訪，看到他的遺體。

雖然小青是病人，但我常常覺得我照顧他，比照顧自己的妹妹還來得多。可能因為他無依無靠吧！但是站在專業的立場，我又不能幫他解決所有的問題。而腦海中的確想過，要再做些什麼。他離開之後，我有種強烈的挫敗感，好像是我輸了。但是，輸給誰呢？輸給他，還是輸給上帝，還是輸給這個社會？

每當我走在路上，看到跟他差不多身形的人，就不禁想起他。我猜想，或許我是想起他最多的人。又或許，現在，他只存在在我的記憶裡，和這本書裡。此刻我想著，當我在寫這些自殺身亡病人的故事時，他們在不在周圍呢？他們在陰曹地府、還是在天堂？他們會不會跑來看看我正在幹嘛呢？

這些病人如果知道，我如此傷心，大概會回來笑我的痴傻吧！

病人自殺死亡，有時會讓醫療團隊（醫師、心理師、護理師、個案管理師、社工師等）覺得好像過去做那麼多，都白費了。一場死亡病例討論會開下來，大部分的工作人員都在嘆氣，很難直接講出具體的想法或感覺，只能嘆氣。

從這裡看來，雖然醫療團隊和病患之間，只是醫病關係；但是病人自殺，對專業人員來說，還是有種特別的感覺。當知道病人自殺死亡之後，通常所有人都非常震驚，想不到會是這種結局。因為大家都花了很大的力氣，做了很多努力。面對這樣的結局，大家都覺得很遺憾。面對這樣的處境，就如詩人鄭愁予的一首詩〈錯誤〉。

我打江南走過，
那等在季節裡的容顏如蓮花般開落……
東風不來，三月的柳絮不飛
妳的心如小小的寂寞的城
恰若青石的街道向晚
跫音不響，三月的春帷不揭
你底心是小小的窗扉緊掩

我達達的馬蹄是美麗的錯誤
我不是歸人，是個過客……

「東風不來，三月的柳絮不飛」，就好像是資源都不會來、好運也不會來。就像每次完美先生一再地企圖自殺，家人都沒出面幫助他。這是個很淒涼的處境，什麼都沒有。「妳的心如小小的寂寞的城，恰若青石的街道向晚」，就像病人心裡的蕭瑟感覺。

「跫音不響，三月的春帷不揭」，就如同對病人來說，什麼都不想做，一點動力都沒有。最後，「你底心是小小的窗扉緊掩」，就是病人越來越把心門關上，不想說也不想再接受幫助。而「我達達的馬蹄是美麗的錯誤」，就像是醫療團隊花很大的力氣，做了很多的努力想幫助他們，但是對病人而言，我在他們的生命裡「不是歸人，是個過客」，最後我們沒有辦法給他們幫助，讓他們重新站起來，去面對他們的生活。

完美先生、王先生、小青或是小白，對他們的痛苦而言，直到最後，我們都只是個過客而已。我不是他們的親友，只是一位醫師。如果連我都有這樣的感覺，那麼自殺逝者親友的悲傷會到怎樣的程度呢？我只能把眼淚和情緒化成文字去做轉換，或是找一首適合的歌反覆地聽。

即使有較多的心理準備也一樣，病人自殺後，專業人員經常也有段時間會覺得非常無奈，好像做什麼都沒有用的樣子。身為自殺防治工作的第一線尖兵，我常問自己：

「如果能重頭再選擇，我還會當精神科醫師，照顧這些自殺的病人，又讓自己變成遺族嗎？如果可以，我希望能選擇別的領域。可是我相信我做不到，我還是會走到自殺防治這條路，繼續與自殺者遺族用同樣的身分走下去。」

因為我想，明天，還是會放晴吧！

台灣的自殺者遺族團體資源

聽，自殺者遺族說故事

馬偕紀念醫院的自殺者遺族說故事團體是從二〇〇五年開始的，團體治療模式的「原型」，正式名稱為「遺族說故事團體」，源於我在二〇〇四年前往美國「死亡教育與諮商學會」（Association for Death Education and Counseling，ADEC）觀摩學習引進國內，並於馬偕醫院自殺防治中心每年舉辦至今。

第一次舉辦的時候是二天的工作坊。隔年就以研究案的方式，每週固定時間舉辦帶狀團體。二〇一三年之前都是我自己帶團體，陸續有心理師、社工師加入。二〇一四年我接安寧中心主任之後，團體就由自殺防治中心的心理師、社工師負責。截至目前為止，維持每年舉辦一梯次。

過去是不收費的，是公益性質，投入的人力、資源都是工作人員無私自發的奉獻。然而，不收費有個缺點，就是難以推廣。沒有其他單位願意效法、投注心力，因為這項業務不能賺錢，還要耗費人力。二〇一四年開始收費，成員的招募一方面是來自中心的個案管理，以及個別心理治療的轉介，另外也在馬偕醫院自殺防治中心及台灣失落關懷與諮商協會的網頁上招募。例如今年（二〇一八）是五月二十四日～七月十二日，每週四晚上六點三十分至八點三十分，共八次。

說故事團體有幾個相當程度的貢獻，例如提供述說的機會，幫助自殺者遺族打破沉默，這是第一個也是最重要的。其他諸如獲得普同感（我也是這樣耶！這就是我的感覺……）對悲傷有更正確、深入的了解，對自殺事件有不同的觀點和更大的視野、找到意義與價值。

遺族可以決定故事的類型，無論是真實的、虛構的、傳奇的或是童話故事。而

當成員在家構思要說出什麼故事，即是自我療癒的開始——要把故事（自我）展露給大家到什麼程度，是能接受的？

有人在故事裡得到安慰，明白**悲傷是面對失落再正常不過的情緒反應**；有人原本在傷痛時習慣故做堅強，但在團體中能重新理解**悲傷必須被看見才可能治癒**。有人原本認為時間會帶走悲傷，卻發現**有的人經過了二十多年，傷痛依舊**；也有人自我覺察的能力變好了，逐漸接受親人是不得不走向死亡之路，**更明白自己強烈的恨意，其實是不捨親密關係的逝去**。

團體之外的資源還有周邊的個案管理、門診，以及臉書的社群都持續運作。另外，每年的自殺者遺族日，十一月的第三個週六（實際舉辦活動的時間略有變動）也都會舉辦大型的活動，過去曾經辦過健走、電影賞析等，今年將結合台灣失落關懷與諮商協會第五屆會員大會，以本書為主題辦理新書介紹及專題演講。

對自殺遺族來說，要追尋親人死亡的意義，無疑是一道漫漫長夜，但是故事還是會繼續說下去。我這麼相信，當走進與穿越悲傷，我們將帶著彼此的愛與記憶繼續存活下去，重新書寫我們的故事。

急重症安寧療護

近年來急重症的安寧療護在幾位醫師的大力鼓吹之下，的確有很大的進展，大家更常討論這個議題。但我希望不要只是急重症的醫師來安寧的領域談急重症安寧療護，更需要的是去急重症醫學會，跟急診、加護病房的專科醫師談這個議題。如此才可能讓急重症的病人和家屬在臨終階段更安寧，避免殘酷的死亡套餐，備受折磨又毫無尊嚴地走完人生最後一程（死亡套餐：插管、電擊、心臟按摩、心肺復甦等急救措施）。

我一直擔憂，急重症的安寧療護，會變成是強化版的DNR簽署（拒絕心肺復甦術，英語：Do not resuscitate，縮寫為DNR，又譯為不施行心肺復甦術、放棄心肺復甦術、放棄急救同意書）。安寧療護不是只有拒絕心肺復甦術。那樣只有安寧之名，沒有安寧之實。

安寧療護（Hospice Care）包括全人照顧與身心靈的照顧，包括病人的身（症狀控制、疼痛護理）、心（情緒支持、心理輔導、社區資源簡介）、靈（信仰的導引、生命意義的探討、關係的修復）。

全隊照顧：包括醫師、護理師、營養師、社工、神職人員、志工……等。

全程照顧：從病人接受安寧照顧的第一天到病人生命終了以後持續對家屬提供

的悲傷支持。

全家照顧：支持擴及到配偶、子女、父母、其他親屬、重要朋友等的關懷。

所以人力是一個很大的挑戰。

宣導安寧，醫師說明解釋，病人或家屬簽署同意書之後，有沒有足夠的護理人員、社工師、心理師、志工等團隊工作人員，能夠在加護病房或急診執行像安寧病房做的事情？目前幾乎是沒有。特別是**家屬在簽完DNR之後，常常會有很不好的感受，覺得好像放棄了自己的家人，好像害死他一樣的感覺**。家屬會想，說不定當初有插管，親人現在就還活著，然後開始後悔，這是基本人性。簽完DNR之後，沒有其他的配套措施去幫助家屬接受。

很多急診、加護病房的醫師，對急重症的安寧療護是一知半解的。因為安寧的啟動需要由醫師開頭（由醫師判斷病情，做決定），到病房之後自然是護理的部分比較多。針對醫師的部分，解決的可能性有二，其一就是最好急重症專科醫師能夠有安寧療護的訓練。這裡的訓練與傳統的安寧療護不同，傳統的安寧療護比較重視慢性病到生命終末點的醫療照顧，但急重症的安寧包含急性、急症後來不可救的部分，以及慢性疾病急速惡化的情況。所以發展不同的教育訓練是第一個部分。

第二個部分是，加護病房和安寧病房的步調很不同，醫師解釋病情的方式、家屬的期待都很不同。加護病房是個分秒必爭的地方，和安寧的風格大不相同，稍不注意就容易造成合作上的不愉快。如果急重症專科醫師真的對急重症安寧療護沒有興趣的話，至少急重症的醫師和安寧專科醫師要有良好的合作機制。馬偕安寧中心目前有一位專科主治醫師從前是加護病房的醫師，期待將來可以和加護病房的醫師合作，這是目前的方向。

區分在什麼情況下應該努力搶救？什麼時候該放手，不再搶救？這是基本的能力。決定不再搶救之後，後續的機制，急重症安寧的做法，這還需要發展。例如要有家庭會議，決定哪些家屬、哪些醫療人員參加，家庭會議的結果，無論是同意或不同意，由誰來追蹤做後續的計畫。這是家庭個案管理的概念。在安寧病房是有人在做這些事情的。

在護理人員方面，安寧病房的護理人員都有足夠的能力對家屬進行悲傷輔導。只要不是複雜性悲傷，初步的悲傷輔導通常是由護理人員來執行。複雜性悲傷[1]才會轉介給諮商心理師或社工師來處理。

1 複雜性悲傷（complicated grief）是指 1.悲傷反應太過強烈、2.長久持續或是 3.當下沒有反應，一段時間後才引發出悲傷反應或 4.悲傷反應是以生理狀況的症狀表現。

急重症護理人員受的訓練不同，需要執行的基礎照護工作量大，會選擇在急重症單位工作的護理師，她們的性格和安寧護理師的性格通常也有很大的不同。所以急重症單位需要建立自己獨特的悲傷輔導流程，透過團隊合作做持續性的服務。把部分安寧共照的資源，與急重症單位合作，是比較可行的。（安寧共照：安寧共同照護是指非安寧病房且住院中的末期病人，透過原診療團隊照會安寧共同照護團隊一起擬定照護計劃，提供病人照護。）

判斷急重症病患該放手的時間很難，目前八大非癌的安寧療護，包含五個器官（腦、心、肺、肝、腎）的衰竭。八大類非癌症末期病人包括：老年期及初老期器質性精神病態、其他大腦變質、心臟衰竭、慢性氣道阻塞、肺部其他疾病、慢性肝病及肝硬化、急性腎衰竭、慢性腎衰竭及腎衰竭。

若是照官方公布的概念，就是走到這五大器官不可逆的衰竭，這個階段就是安寧照顧的起點。是有時間可以做準備、處置的。但**如果時間點設定在太末端，到了臨終的狀態，或是猶豫不決無法做出判斷，一直考慮想著再觀察，結果越看越到最後就是不行了。走到臨終才要做安寧，剩下沒有多少時間，如此將壓力完全壓在最後，而那幾天也很難做什麼事情是有幫助的。**

我認為**急重症安寧照顧的起點，是在五大器官不可逆的衰竭發生開始，**當第一個器官開始出現不可逆的衰竭，就應該進到安寧照顧的階段，這是很重要的事。進入安寧療護，不代表病人馬上就要死亡。除了一般民眾，我相信很多醫護人員也會有這種觀念；開始安寧照顧就是離死亡很近了，一旦有什麼治療不做，病人很快就會死亡。

常見有二種病人，一種是「慢性阻塞性肺疾病」，插氣管內管很久，後來要拔管，家屬想讓他接受安寧照顧自然死亡。結果拔管很久後死亡一直沒有到來。呼吸衰竭了，無法治癒但也不會立刻死亡，有時持續幾週甚至幾個月，在安寧病房的照顧下暫時穩定。那要出院嗎？或是覺得好像有些尷尬？但我覺得這才是好的安寧照顧啊！時間若開始得夠早，病情好轉並能穩定一些時間，讓病人和家屬接受到一些照護，在生命最後的一段時間有更好的生活品質，家人之間的互動情感也能更好。

第二種是腎衰竭，在做透析洗腎的病人，通常認為不洗腎一段時間就會很快死亡。但是病人進到安寧病房之後，洗腎的頻率逐漸下降，從常常洗到一段時間才洗，最後完全不洗。完全不洗腎之後也沒有馬上死亡，有些病人還是活了幾個禮拜才離開。這種狀況就可以有機會做安寧照顧該做的事情像是死亡準備、告別等。

當然也可以透過安寧共照的方式，病人留在原來的加護病房或是胸腔科、腎臟科病房，透過安寧共照，從醫師、護理師、心理師、社工師、牧師、宗教師……等共照團隊接續一起參與安寧照顧，讓病人和家屬得到比較多而完整的支持。最後再決定病人要留在原病房慢慢走向生命的終點，或是轉到安寧病房。

如果病人的狀況是持續往死亡的方向發展，在搶救時許多管路、儀器已經接上，這時的重點步驟不一定是拔管。當然也有部分的醫師認為要拔管，但我認為至少可以從**不要再給升壓劑、強心劑開始，然後水份慢慢地減少，接著停用抗生素**。如果是要停用葉克膜，呼吸器必須要有團隊介入，並有工作人員協助家屬、親友準備好相關事情。

如果決定立刻拔除維生設備，理論上沒有問題，但是很粗暴、很殘酷。這樣很大的可能會成為家屬的創傷經驗，並且對做決定的家屬來說，是很大的壓力。

第三章

突如其來的告別

01

來不及說再見

自殺是一種選擇，自殺者遺族是沒得選擇。
告別，沒有真的告別；再見，此生卻不會再相見了。

姊姊跳樓了

一九九三年五月十日凌晨四點，姊姊自十一樓住家處跳樓身亡，她離開這世界時只有二十二歲。

那日清晨，是我最接近野獸的狀態，我生命的一部分，好像也跟著死去了。閉上眼睛，我好像隨時可以看見姊姊墜樓的模樣，一直很想知道，她這樣到底有多痛？

十五歲開始，我就離開家和姊姊兩個人同住，我們的感情還不錯。

姊姊尋死已經不是第一次了，有好幾次我被通知到急診室去照顧姊姊，她有時吞藥，有時割腕，更常在酒後翻車。她還經常大鬧急診室，每次我趕到的時候，總得先去向醫護人員賠罪。三番四次以後，我慢慢覺得應該就「只是」這樣了。她會反覆的自殺、反覆的送醫，然後反覆的獲救。

但是，在我高三那年，她終於自殺死亡了。我很不能接受的是，我們一直住在一起，我只有那天不在家，她就在那天走了。

那日，我回爸媽家，當晚不知為什麼會徹夜失眠。凌晨四點，我聽到電話鈴響，電話響了三次，每次都只響了五聲，我想可能是姊姊，因為她習慣晝伏夜出，半夜起來喝酒、胡鬧、亂打電話。

她常常這樣，我並不以為意，加上當時住的房子是別墅，電話在一樓，我的房間在五樓，我怕黑，所以雖然徹夜失眠，卻沒有去接電話。

清晨，我一如往常搭公車準備上學，然而我在學校接到通知，說家裡出事了，要我趕快回家。我試著回電，但一直沒辦法接通，家中的電話一直在通話中，所以我改撥給阿姨。我問：

「阿姨，學校說接到電話，我家裡出事了，您知道是發生什麼事了嗎？」

「妳姊姊死了啦！她從碧潭那邊的家裡跳下來。」

阿姨的話讓我感覺五雷轟頂，幾乎喘不過氣，當場嚎啕大哭。阿姨說：

「妳不要這樣哭，會被別人笑的。」

但我仍完全失控，無法止住自己的反應。我一路哭回大禮堂去拿書包。由於當時聯考在即，學校全部高三的同學都集合在禮堂唸書。我不只是哭得很大聲，還不斷的跌倒，我感覺四肢無力，跌跌撞撞的「摔」進計程車裡，直奔我和姊姊同住的家中。

但是，家裡一個人影都沒有，整個屋子看不出有任何異狀。

「她又吃藥了嗎？她又喝酒了嗎？」

我仔細地搜尋整個家裡以及一樓大門前的馬路。家裡的每個地方、每台汽車底下，我地毯似的在尋找蛛絲馬跡。會不會有藥罐？會不會有酒瓶？還是有一顆藥剛好滾到車子下面？但是什麼都沒找到，接著我回到爸媽家。

姊姊選擇最殘忍的方式，自十一樓住家處墜下，當場死亡。死亡時間是凌晨四點左右。

我深深相信，凌晨四點的電話，是姊姊打的。而且我認定，只要當時我接起電話，那麼這件事情就不會發生了。我當時的感受、內疚、悔恨和懊惱，從此日夜侵蝕著我。對我而言，真是一件恐怖的回憶。

那年，我十八歲，以全校第一名的成績自高職畢業，保送二專。畢業典禮當天，我領了六個獎，來來回回，上台、下台，掌聲響起，一切看似仍與往日相同，但我的人生卻自此變了調。

一開始我仍若無其事的上學，只在四下無人時，躲起來哭。這樣的日子過了一年半，沒有人能看得出來，有任何異樣。其實，我是帶著「我是殺人兇手」的心情在度日。

白天，我沒辦法快樂，忘了該怎麼笑。夜晚，不到凌晨四點以後，我無法入睡。在二專畢業前二個月，我終於撐不下去，輟學了。

離開學校後，我陷入漫長的自我懲罰，不斷地傷害自己。我常常告訴自己：姊姊不在這裡，不在了。姊姊只剩下一小罐的骨灰。因為唯有這樣，我才能從記憶中回神。

經過六年的調適，終於如願以償重返校園。二〇〇三年，我以全校第一名自國立台北護理學院畢業，再以第一名考取生死教育與輔導研究所，並且全心投入自殺者遺族的悲傷輔導工作，另外成立專門網站，協助馬偕醫院成立自殺防治中心，擔任個案管理師。二〇〇五年，我獲得周大觀文教基金會全球熱愛生命獎學金，隔年碩士論文「自殺者遺族悲傷調適之模式初探」，則得到優秀論文獎。

二十五年過去了，也許很多人會期待我寫本書，細訴我以前有多麼悲傷，後來又是如何堅強的走出來。但很遺憾的，對我來說，傷痛並沒有改變，程度也沒有減輕。不同的只是，**以前看不見自己的傷，渾渾噩噩的度日，如今我清楚自己的悲傷，並且要設法活出一個讓自己滿意的生活**。

這樣的傷痛，不僅無法逃避，連面對也不會過去。於是每個夜晚，不是淡淡的愁，就是狠狠的痛。這一切如同巨大頑石，無法擊碎無法放下，永遠是我生命的一部分。我仍揹著它，但卻不再難以承受，因為我們愈來愈強壯。

◆◆◆◆◆◆

我和家人先後經歷爺爺的失足墜樓、奶奶罹患癌症安寧的告別、外婆的意外溺水。卻從來不像姊姊的自殺這般，令人痛苦。究竟是失去「姊姊」讓我感受痛苦，或是「自殺」本身讓我痛苦？這答案我找了很久很久。

曾經看過書上描述，處在青春期的年輕人，面對手足的死亡，特別讓人難以承受，因為手足的年齡多半和自己相近，而且手足的關係也大多是人世間最長久且親密的。

是因為這樣嗎？我仔細思索，卻覺得自己和外婆的關係更是親密呀！而外婆的意外溺水身亡，一樣來得令人措手不及，一樣是那樣殘酷、痛苦的死亡方式。

我閉上眼，想像姊姊死於疾病或其他不可控制的意外，而不是「自殺」。突然間，我覺得找到答案了。這麼多年來，我第一次能以溫暖的心境思念姊姊，竟然是發生在想像她是病死的狀態下。親人的「自殺」究竟有什麼不同，而會帶來這樣極大的痛苦呢？

在姊姊自殺之後，我的世界陷入一種空前的混亂。我不知道自己怎麼了？該怎麼辦？而爸媽亦陷入自己的哀傷世界裡，讓我無法觸及。我有很強烈的被遺棄感，來自姊姊和家庭。

我將自己封閉孤立起來，在姊姊過世後的一年半，我離開家，來到陌生的環境，從此不表達情緒，不談論自殺。我以為我的痛，沒經歷過的人不會懂。我不確定自己是不是有足夠的理由這樣哀慟，也不明白姊姊的離去，為什麼能帶來如此沉重的影響？

於是我想，如果我最在意的事、最痛苦的回憶、影響最深遠的事件，都不能與人分享，其他的又有什麼值得提呢？我學會從人群當中安靜的離去，緘默成了我的保護色。

姊姊自殺留下的傷痛，讓我感覺自己的內心支離破碎，我花了好大的力量重新站起來，卻難以面對自己最深最深的傷。我和家人似乎都選擇緘默這種方式來面對悲傷。我們不表達情緒，不談論自殺，甚至新聞播到有人跳樓時就立刻轉台。

緘默使我們凍結了哀悼過程，沒有機會矯正錯誤觀念，無法解除非理性的罪惡感及憤怒，因此難以度過哀悼期。

停止緘默需要多大的勇氣呢？我已經有勇氣面對遭逢喪女之痛的父母親，以及住在我心裡那位悲傷無助的小女孩嗎？

這一路從緘默到憤怒，從內疚到心疼，多年的煎熬，琢磨出我的勇氣。於是，我發現面對比逃避更容易，因為傷痛逃不開，也躲不過。

姊姊的自殺，帶給我巨大的傷痛。我花了六年的時間，才有足夠的力量回復到正常的生活。過程雖然漫長，而且失去的是人生中年輕、活潑的六年，但是每當我想起過去，都不禁為自己捏把冷汗，慶幸自己可以活下來。

因為我親身體會過這些，所以非常希望能與那些仍然受苦的自殺者親友，或是喜歡探討生命的人分享。因為曾經深刻的體會，哀傷有多漫長，有多劇烈，甚至讓人難以承受。

如果因我能夠與其他人分享自己的傷痛，或藉由我的故事陪伴哀傷的家屬，對我而言，是非常有意義的。

從今以後，我不會再白白受苦，白白讓年輕的生命流逝。就像好友洪晴晴的〈葉子〉所說：

一片葉子落下了，
明春還會有新芽；
生命的風雨將我們摧折淋溼，
卻抵擋不住，
我們向著陽光生長的力量。

寄不出的信

在姊姊自殺一年以後，我曾經寫下一篇文章。當時正逢校刊徵稿，就順手投入位於宿舍樓下的校刊信箱，後來入選佳作。但是很怕睹物思情的我，並沒有留下校刊。復學之後，我曾經花很長一段時間，尋找當年的校刊，卻一直沒有下落。

當我已經死心以後，有一個假日，學校的教授換辦公室，我去幫忙整理書本，發現一本老舊的校刊，驚訝地找到自己的名字。十八歲時寫下的文章，現在看了覺得有些心疼，雖然當時懂得不多，卻呈現了最真實的痛。

姊：

在這寂靜的夜晚，引起我無盡的思念，也許是心情不夠淡漠，感慨與歉疚皆有，五彩繽紛的城市，多變迷離的世間，重疊淩亂的心思，熙熙攘攘、紛紛擾擾，一切再也不會對妳構成影響了，真好。

總是不明白，刻鑿在石碑上的，時間久了，終需磨滅，如何刻鑿在我心上的，時間越久，卻越加清晰。

雖然過去，就像一張撕碎的照片，即使曾經美麗，也了無意義。奈何心中最大的遺憾是妳，讓我疼入心坎，刻骨銘心。

因此，明知是鏡花水月一場空，我卻不得不想，不得不掛念。

懷念那段只有我們，同心同意、同聲同氣的日子。妳總是疼我，不讓我做些許的家事，不讓我有一點點委屈。妳曾經說過：

「妳要什麼，姊姊都會給妳，我自己以前愛玩，急著踏入演藝事業，妳總要好好唸書，姊姊拚死拚活都要疼妳。」

在妳的鼓勵下，我在台灣區技藝競賽中奪得獎牌，得到教育廳廳長獎，妳開心的為我喝彩，替我慶祝，逢人就誇讚我，那時我倆得意洋洋的樣子，妳記得嗎？

然而，妳從不讓我分擔妳的煩惱，總是默默承受。可是我知道，因為妳的憔悴，和掩飾不住的憂鬱。

終於，妳選擇了一躍而下。無論我如何呼天搶地，如何叫喚搖動妳，妳都不理我。

往日的笑聲，霎時變成了泡影，過去的情景變成令人窒息的回憶，姊，妳知道從十一樓跳下來會很痛嗎？妳知道這樣我們就再也見不到面了嗎？

最後，我無力挽回的看著妳被送到火葬場，那熊熊的烈火，燒去我所有的希望和假想，也燒毀妳孤單的倩影，傷心到此日何堪？

姊妹永分離。殲歌驚到耳，音容從此隔天人。多年姊妹情，如今徒剩白骨一堆。

妳匆匆結束短暫的一生，而我總是會常做身邊有妳的夢，還是會有見面的念頭。爸爸抱著吉他，唱著妳小時後喜歡聽的歌，妳聽見了嗎？妳現在過的好嗎？找到最疼愛妳的奶奶嗎？

妳，妳為什麼要離開我？妳還痛嗎？妳，我好想妳。

◆◆◆◆◆◆

我與姊姊同住的那段日子，父親幾乎天天來看我們。姊姊是「晝伏夜出」的，所以家人之間已經有了默契，我們通常用「記事本」溝通，把想要給對方的隻字片語寫在記事本裡，放在客廳桌上。父親和姊姊的對話，以及我和姊姊最後的信，就是摘自我們的記事本。

爸：

麻煩幫我買電話和水果，這陣子辛苦您了，我會認真工作的，不會讓您失望的，下午麻煩老媽過來燉補品，順便叫妹妹買兩束花來，也順便把娃娃抱過來玩。

女兒

親愛的女兒：

地板已經拖好，垃圾別亂扔，有些東西是不能丟的，垃圾不要一次全扔，星期三是不收垃圾的。東西都幫妳拿來了，熱水也可以用了，一開就有。房間的窗簾裝好了，夠暗了吧！

洗衣槽的床單放太滿，以致洗衣粉未沖散，我已重洗，注意有顏色的衣物會褪色，應分開洗，以免污染衣物。鎮靜劑要少吃，身體要緊，別忙著拍片，沒有健康與睡眠是不行的。時間和健康、事業和朋友，都需要抉擇，靜心的處理，把該丟的丟掉，妳就不會那麼辛苦和勞累了。

老爸

親愛的爸爸：

很多事我很煩，不知如何告訴妳，有機會我會和您好好的談，但要看我的心情如何？我睡覺了，別吵醒我。

美麗又可愛的女兒

親愛的女兒：

人間不如意事十之八九，其中又是處處陷阱等著妳去踩，降低慾望與目標，集中精神去完成，才不會辛苦又勞累，您想得到的太多，踩的陷阱更多，很多事情需要去抉擇。

出門冷氣要記得關，妳媽媽說冰箱的食物不可擺太久，隨時可以請她來煮。食物不要買太多，以免壞了。剩菜、飯絕不可倒入垃圾桶裡，會長蚊蟲、會發臭。車子怎麼又撞的如此？別開了吧！賭博會身敗名裂，切記。妳睡的很熟，叫不醒妳，本來想買晚餐給妳吃，只得作罷，請一定保重，處事謹慎，切記謙虛得人和，慎防小人。

爸

爸：

請原諒我昨天的不禮貌，您知道我近來很煩很煩，從小到大，您從未像昨天一樣的罵過我，您知道嗎？您已經罵醒了我。

您知道我煩的都是會錢的問題，之前真的不想活了，但我如果自殺，我就是不孝。身體髮膚，受之父母，不敢毀傷，孝之始也！女兒也發覺自己越來越醜，越來越瘦，但我相信任何事總有解決的辦法，您說對不對？

凡事船到橋頭自然直，相信只要我再拚個七、八個月，就能輕鬆了，您更加要鼓勵我，我才能支撐下去。

我會堅強活下去的，因為我有個愛我的爸爸，我不能令他傷心難過！

女兒

親愛的女兒：

老爸知道妳很煩又累，不過身體和精神一定要照顧好，黎明就要來臨前的片刻總是黑暗的，把黑暗熬過去，就是光明燦爛的永恆時。

關心妳的老爸

姊：

妳很漂亮，但總是多了一分憔悴。身材很好，只是多了一點瘦弱。

看妳在充滿疲倦的眼睛上，塗上鮮豔的眼影，在蒼白的唇上，塗上亮麗的口紅，在消瘦的臉頰上，塗上紅潤的腮紅，披上美麗、新潮的衣服，像個明星般充滿光彩，有自信的出門，當然為妳驕傲，因為我有一個美麗的姊姊。

但是我何嘗不多了一份心疼，妳知道我看在眼裡難過在心裡。美麗的花需要施肥、澆水，妳也一樣要人疼妳、照顧妳。

我明白妳心裡不快樂、不高興，有太多我不懂的煩惱。看見自己的姊姊不快樂，我很難過、很心疼，只是我沒有告訴過妳，只好對妳說妳，多保重，有什麼事，如果可以的話告訴我，我也會好好爭氣，不能白費妳對我的照顧和付出，請好好照顧自己。

妳的妹妹

妹妹：

看了妳寫的這些想要告訴我的話，我很高興，我這個姊姊總算沒白疼妳。只要妳爭氣點，不管我多辛苦、多累，我都會拚死拚活來疼妳。妳想認真唸書，可以在我這裡，比較安靜，但是不要餓壞自己，冰箱、櫃子裡有很多吃的東西，可以自己弄來吃，也可以和同學一起來這裡研究課業、溫習功課。

P.S不多寫了，我知道妳很在乎我這個姊姊，也很關心我，姊姊在這謝謝妳，因為妳能體諒姊姊。

姊姊於凌晨，淚灑

這是我和姊姊最後的一封信。沒有了，從此再也沒有了。

◆◆◆◆◆◆

我在就讀國立台北護理學院生死教育與輔導研究所時，與同學方俊凱醫師談到我的理解，關於姊姊為什麼會跳樓。我認為她當時可能在是喝醉或是用藥的狀況之下，迷迷糊糊的才跳下來的。幾年後，方醫師看了這篇記事本之後，也覺得就是這樣子。

因為從她最後一封發給我的信中可以看出蛛絲馬跡，從文字上看起來她是沒有求死意念的，也許是潛意識裡面有自殺意念。從對話看來，姊姊一直都很痛苦，她在處理一些問題，有很強烈的壓力。她那時候雖然有想過要自殺，可是沒有非做不可的理由，因為從她的字裡行間，可以看得出那種力量，讓自己不要走上絕路的力量。因此有很大的可能是喝酒，或用藥意志不清才會那樣做。

但我覺得還是不要發現姊姊真的是神智不清才跳樓比較好，因為這樣是很糟糕的一件事，如果她真的很想死也就算了，如果是神智不清，會讓我覺得更可惜。

方醫師告訴我，雖然這結果的確是很遺憾，但就算姊姊是在神智清醒時做的，還是很遺憾呀！並不會因為她神智不清就比較遺憾，也不會因她神智清醒就比較不遺憾。

方醫師認為，姊姊很想死跟很想活著的力量是等同的，在姊姊的文字中，有許多要鼓勵自己再活下去的部分。可是相對的，她為什麼要寫那麼多要堅強的文字？因為她覺得快要撐不下去了，已經在邊緣的狀態。方醫師說：

「我覺得從某個角度來講，姊姊當時是撐得很辛苦，可能這樣解脫真的對她比較好一點。那樣的堅強我不知道她會撐多久。再換個角度，當時她才二十二歲呀！一個二十二歲的女生。」

「我想我自己二十二歲的時候在做什麼呢？如果二十二歲的我，面臨到這些事情又該怎麼辦？那時候很無援，雖然旁邊是有人給她支持，但她內心的狀況，不是別人真的能夠理解到的。」

「我們一般不會閒來無事說『我很想活下去』所以，她是想死的，因為就是她想死的力量那麼強，所以她活著的力量才那麼強。」

我後來也知覺到，其實神智不清，表現出來的行為其實是比較接近原始慾望、比較接近真實的狀態的。不是因為神智不清沒考慮清楚就跳樓，是本來可以控制的力量已被去除，所以她想要的行為就出現了。方醫師又說：

「我知道這樣講有點怪，但是我覺得妳這樣的姊姊，其實是值得尊敬的。因為她原始呈現的，那些最內在的感受，事實上她是已經活不下去，而她花了多大的力氣來克服心裡面深沉的吶喊，從那些對話中，看得出那是一種對家人的態度跟責任。」

「以她二十二歲那個年紀來看，她已經把自己能夠用的方法都用上了。所以說，那個時候雖然她狀況不太好，可是這樣的心態還是值得尊敬的。」

◆◆◆◆◆◆

據說紹興酒鄉有個習俗，孩子出生時，父母會為孩子埋下幾罈酒，以紅泥封口。如果生的是女兒，要等到女兒出嫁的時候，才把酒取出來宴客，稱為「女兒紅」。但如果女兒不幸夭折，喪女的父母通常不會把當年埋藏的酒挖出來飲用。如此等到後代子孫修建宅第時，才可能在無意中被挖出來。

由於酒陳多年，遂成佳釀，這種隨著喪慟被一起淹沒的陳年酒，有一個很美麗而寫實的名稱叫「花凋」。為了紀念這些還未經歷盛放，就先凋零的花樣年華，我鼓起勇氣挖掘從不敢輕易碰觸的花凋。

時間無法療癒我的傷痛，只會留下未癒的疤痕，每當疤痕再次裂開時，依然會像剛受傷時那樣的痛，而這些傷痛就像顆小沙粒，只會終生留在我心靈的海岸上。

當心痛的感覺出現時

驅樂避苦是人的本性，大多數人都喜歡快樂、歡愉，而厭惡悲傷、痛苦。世界各國的文明發展，也幾乎都是從對抗黑暗開始的，無論是宗教信仰、儀式、巫術、中元節、鬼門關、萬聖節等，皆起源於想抵擋來自黑暗一方的勢力。

然而，在人類文明史中，一味高舉著「人定勝天的旗幟，假裝這世上沒有對付不了的疾病、沒有解決不了的問題，這種過度樂觀到不願意承認生活中有對付不了的事的文化氛圍，是不是也是另一種用來逃避面對人之有限性的集體性否認？

很殘酷的事實是，儘管一個人再怎麼對生命充滿希望感，生存於世，失落與悲傷仍是所有人終須面對的課題。

在這世上並沒有一個人可以免於不老、不死的終局；也並沒有一段關係可以亙久綿長，不被死亡截斷。不管我們是否願意承認，生活中就是有這些因子的存在。好的、不好的、受歡迎的、不受歡迎的；正向的、負面的；光明的、黑暗的等，它們共同建構起我們的人生。

台灣近年來的自殺死亡率不容忽視。以二〇一七年為例，自殺死亡人數為三千八百七十一人，死因排名第十一位。然而，自殺卻不僅僅是每年死去三千多人的問題而已。美國有項研究結果指出，受訪者在一項問卷調查中，有高達百分之九十七表示：「親友自殺身亡造成的影響，比其他類死亡的影響更難面對。」

據保守估計，每位自殺死亡的人，至少有六到十人的情感深受衝擊（包括他的父母、伴侶、子女、兄弟姊妹、近親、好友、同事、老師及治療者等），而這份記憶至少將伴隨遺族十五到二十年。

毫無疑問，自殺者親友所經歷的，與壽終正寢者或意外身亡者遺族的經驗大不相同。「逝者已矣，生者何繼？」當一個生命選擇離開這世界，但活著的人們呢？我們將情何以堪？

多數的專家學者對「自殺防治」使命感，往往強過對「自殺者遺族的關切」。然而，我們卻相信「往者逝矣，來者可追」，顧眼前仍在世的遺族，也是很重要的。

自殺者遺族常有的經驗，是被指責沒有對逝者盡到支持與照顧的責任。無論如何，我們總會想像自殺是可以控制的，總會認為有人或多或少該為「自殺事件」負一些責任。然而，對自殺者遺族來說，這種被社會標籤化和拒絕的感覺，造成社會疏離感，不僅使遺族難以求援，也加深痛苦。

遺族們經驗到直接或間接來自社會給予的壓力，悲傷的反應波及認知、情緒、生理以及社會人際關係上的功能，並且伴隨著羞恥感、罪惡感和憤怒，甚至也可能連帶引發自殺的意念和自殺的行為。

◆◆◆◆◆◆

事實上，自殺者遺族自殺的機率，比一般人高約一到三倍，且大約有三分之一的自殺者家庭，後代至少又有一個人自殺。在台灣，每天約有七十二人成為自殺者遺族，目前，全台自殺者遺族約有四十五萬人，每四十六人中，就約有一位是遺族，而確實的遺族人數可能更多。

因此，自殺已不僅僅是每年死去幾千人的問題，而是一個持續威脅至少數十萬人心理健康的嚴重問題。師大心輔系的陳秉華教授，在《難以承受的告別》的書評中指出：

「一般人較能接納因疾病或衰老的死亡，因為這合乎自然法則；而自殺者是自己決定結束生命，和眾生延續生命的信仰相違背，也與中國人傳統家庭觀念背道而馳。社會視自殺者是脆弱的，是人生戰場的逃兵，是徹底宣告投降的失敗者，是棄親人不顧的無情自私者；不僅如此，社會對自殺者的譴責，也會轉移到親友身上，他們往往被公開或背地裡指責沒有對死者盡到支持與照顧的責任，才使死者陷於孤立無援的絕境，認為死者是因被親人棄絕，才不得不走上絕路的。」

自殺一直被認為是異常的行為，自殺者遺族遭到強烈的公開輕蔑。這種態度在歷史上早就其來有自。

在西元三四八年迦太基會議中，清教徒於歷史上，首次判定自願死亡為有罪，他們將自殺者埋葬在十字路口並以木樁穿心。一直到十八、九世紀，宗教對自殺者的態度才逐漸較為善意。但在現代社會裡，許多人依然用傳統的態度看待自殺者的立場，所以至今人們談到自殺時，依舊很難避免用嚴苛的態度加以批評，這使得自殺者遺族背負沉重的原罪。再加上社會很少注意到這些自殺者遺族，未能給予適當的協助，以致遺族常常陷入孤立、無援的困境。

相對於一般人所遭遇的悲傷事件，自殺者遺族的悲傷歷程，走得更孤單也更辛苦。「自殺死亡」不僅比其他的死亡事件，帶來更多更複雜的感受，也使遺族背負難以承受的罪惡感。而自殺比其他死亡，有一個更巨大也更特別的疑問，就是大家要問：

為什麼？

這會是最早出現，也是延續最久的問題。悲傷困在罪惡與疑問當中，形成心中重大的缺口，當人們急於填補心中的缺口，悲傷就停在原地等待，於是悲傷會變得更加漫長、更難面對。國立台北護理健康大學人類發展與健康學院吳庶深教授認為：

「自殺不僅是一個生命的隕落、完結，更是周遭許多人墮入痛苦深淵的開始。這些人因為失去摯愛的親友，承受著刻骨銘心的苦痛，也因社會上對自殺的負面想法而過度壓抑自身的情緒，由於悲傷的權力被剝奪，因而造成心理及生理上極大的傷害。另一方面，社會大眾也因為缺乏相關專業知識及資源，不知道該如何協助自殺者親友渡過悲傷。」

因此當我與方俊凱醫師想寫關於自殺者遺族的內容時，就先面臨一個難題，這會是一本什麼性質的書？是對自殺防治是有幫助，還是會變成鼓吹自殺？

◆◆◆◆◆◆

根據統計，曾遭遇親友自殺者，本身的自殺危險性比較高。但是從以前到現在，很少看到台灣的公家或民間單位，有組織且持續性的在為自殺者遺族做些事情，好來防治遺族自殺。

遺族被認為是自殺的高危險群，但在台灣卻很少被照顧到。這是全世界共同的現象嗎？其實不然。在日本、美國、英國等國家皆已有相關的單位與組織，透過政府主導的國家型計劃積極地調查、關心和協助自殺者遺族。美國至今有一百五十多個自殺者遺族團體，這些團體平均擁有三十五個會員，每月平均出席率為十八人。

反觀國內，直到一九九九年的九二一大地震後，悲傷的議題才成為廣受重視的主題，相關單位也才開始成立喪親團體，給予喪親者必要的輔導與協助，至於針對自殺者遺族的幫助，迄今仍在萌芽階段。

因此，當務之急，在於協助**自殺者遺族面對種種問題與混雜情緒之糾葛**，這是極其必要的。

至於創作這樣關於自殺遺族的內容，是否會引起後續許多效應？答案是肯定的，這其中包含對我們本身的影響、對書中提及的任何角色，以及讀者、有相同經驗的人、學者、或是想學習這個領域相關議題的人，一定都有不同程度的波及。我們必須承受不確定感，包含可能的種種負面效應。如同投手投出一記變化球，球投出後，誰也不知結果究竟會如何？

然而，這世界上並沒有一件事情是絕對光明的，我們必須要承認黑暗的存在，或是忍受曖昧不明的狀態，這是我們寫這本書的態度。

台灣失落關懷與諮商協會的常務監事章惠安，曾用中國人的「太極」，作為解說光明與黑暗關係的例證：

「我們怎麼看待那黑的部分？把它當作不好的東西，要把它去掉嗎？那太極就變得不圓滿！人生也相同，悲傷不該只是被壓抑、遺忘。我們可以嘗試找到一個位置，把那些珍貴的失落與遺憾經驗好好收藏，成為自己生命的一部份。」

當悲傷與痛苦的經驗臨到你我身上，那麼只有「正視它」、「接受它」、「安置它」，我們才能夠安心地繼續後面的生活，也能讓自己的人生更加圓滿豐富。

不是缺陷，只是特徵

我認識一位名叫珊珊的女孩，珊珊的雙手雙腳，都各只有二隻指頭。珊珊的姊姊則是五隻手指，從前的我，會說姊姊這樣是「正常的」，但是珊珊讓我學習到這樣的形容是不對的。

一個人和其他人「不一樣」，我們習慣說這是「不正常」的。但是當我們在同情別人，或說別人不正常的時候，那其實傳達著歧視的意味。珊珊提醒我的時候，我接受這樣的觀點並且覺得很慚愧，更覺得要學習的仍然很多。

打從珊珊出生，總會有陌生人無禮地盯著她的身體看，她常在內心喊著：

「為什麼這個社會不喜歡像我們這樣的身體？」

「為什麼像我們這樣的小孩，不能擁有應得的愛，甚至要被丟掉？」

後來她想起一位心理學教授說過：「不要只是看著眼前的問題，而要做些事情來幫助、解決問題。」

於是她進入芝加哥藝術學院，獲得藝術治療的碩士學位。還將心疼、怒氣、不滿和難過，昇華為一系列「我本完美」的藝術創作。珊珊說：

「**我的雙手雙腳都是兩隻指頭，但這不是缺陷，只是特徵。**」

Imperfect 本來是不完美的意思，這個字老愛纏著珊珊。直到有一天，她發現

Imperfect 拆開就是 I'm perfect，那就是「我是完美的！」

於是她創作出一系列適合不同身體的人可以穿戴的物品。例如，她把五指手套剪下多餘的指套，用手術線縫合，成為她專屬的第一雙手套；同時，她設計一款「美麗無畏」的夾腳拖鞋。她要讓所有肢體與眾不同的人們知道，有不同的肢體很好。不用以其他人的形狀和長相做標準，不用再躲藏，我們可以做自己！我們已經很完整。

過去，我們的醫學知識教育我們，大拇指很重要，它代表百分之五十的手部功能，讓我們擁有鉗型抓握的能力。這成為很多醫師先入為主的認為「缺指」者裝上義肢比較好，可以跟「正常」人一樣。

如果我們是本來有的，卻失去了，那才叫做失能。但是對珊珊來說，她的二指可以拿剪刀、用筷子，她走得很好還可以跑跑跳跳。她沒有不夠！這二指就是百分之百的完美。

珊珊的故事給我很大的啟發。她傳達的訊息要讓我們的社會學習如何去愛、去尊重各種不同的存在。讓我們看見且接納更多元的可能性（改編自楊育正醫師〈遇見百分之百的珊珊〉）

要接受多元的可能性，不是一件容易的事。因為通常我們在看待一件事情時，首先都是用自己內在原始的假設來套入事件，而非仔細的去看見事件的整體全貌。我想，大部分的人都無意傷人，但若是缺乏廣闊的視角與不斷的反思，就會在無意間透露出一種「不接納」、「不尊重」、甚至是「污名化」的訊息，這是很可惜的。而這類訊息的流露也會使那些擁有不同於尋常人生的人，逐漸變得緘默。

我要強調的是，**所有面向都是真實存在，值得被好好珍惜、檢視**。沒有什麼比較好，或什麼比較不好，那只是「不同」，我們需要放下自己內心是非對錯的那把尺，才可能去理解「自殺」這個真實存在的議題。

這本書無法提供讀者唯一看待自殺的視角，也無法提供「為何如此？」的唯一解答；我們僅能說，自殺是一種不同於疾病和意外的死亡方式，希望社會大眾能認識並尊重這個真實存在的不同。

把遺族的心路歷程寫在書中，會引起怎樣的反應，確實沒有辦法估算完整。所以在那些敘述裡，呈現的是我們的心路歷程、我們的感覺、我們的想法，然而並非絕對的真實。舉例來說，我有被指責感，我覺得被遺棄、被拒絕，不代表真有人指責我、遺棄我、拒絕我。只是當時我經歷了那樣的過程，但是在遺族周圍的那群人不見得是做錯什麼。

一次又一次，每當沈溺在自殺者遺族的故事裡時，火焚的聲響、遺體扭曲可見的痛楚，跳樓撞擊造成的大片傷口、肢體的斷裂，溺水之後脫落的頭髮與讓人驚恐的容顏等，這些遺體的描述，總讓我的思緒一再地中斷。

這些故事總能輕易的勾起一些責任。「自殺者遺族」對我們來說，不是回憶、不是工作任務、不是生命意義，而是人生。這是我們的人生，一個有自殺的人生。

◆◆◆◆◆◆

自殺事件與自殺者遺族，真實存在於這個世界中，許多人為了此事而困擾著。很多人即使想面對，也不知該如何面對。因此，如果能夠讓自殺者遺族參考其他人的經驗，或許就能為自己找到一條可以嘗試的道路。

遺族的故事不像勵志文章，或是傳記人物那樣的情節。雖然遺族也可以帶著悲傷的經驗，走出光明的生活，但是如果在想到或談到悲傷時，還要依然光明，就成了強人所難，這反而是另一種黑暗。因此，書中並不刻意刻畫情節，而是呈現我們所看到的和感受到的。透過這樣的呈現，讓大家知道，親友自殺之後，遺族可能會遭遇到哪些事情。

寫這本書，造成我巨大的痛苦（我相信對於感同身受的讀者來說也是），每當我開始準備書寫，總覺得這個時間適合來杯咖啡或是看場球賽，或是去跟心愛的貓咪玩一玩，甚至是洗碗、洗衣服、拖地。無論做什麼，似乎都比回想親友自殺來的好。

例如寫這本書的期間，我的作息是這樣的：一邊聽錄音帶、一邊寫故事，直到凌晨三、四點時我關上電腦，準備睡覺。閉上眼的瞬間，想起我和姊姊的曾經，緊接著她自殺的景象出現，彷彿炸開一般，在自己的心底轟然吵鬧著。

當心痛的感覺出現時，我更加確定，悲傷無法逃避，面對也不會過去，但這一切讓我不斷成長。故事絕不只是這樣而已。但是，我清楚，我永遠沒辦法把這些故事，寫到讓自己以及其他的自殺者遺族都滿意的。

我很勇敢的分享自身的經驗，期待您也能勇敢的閱讀這些故事。

02 好好說再見

傷心是一份工作，悲傷是一種感覺，感覺不會自動消失。
我們必須工作，來承擔這份責任。

傷心是一份工作

自殺者遺族的心路歷程，是一條怎樣的路？怎樣才算是走出來？台灣失落關懷與諮商協會常務監事章惠安認為，一個人的悲傷，不是用「走出來」作為有沒有處理好的指標；而應是一個人有沒有勇氣面對自己的悲傷，有沒有能力攜帶著這個忘不了的傷痛繼續認真過生活。

在失落與悲傷的相關理論中，通常存在「接受」的階段，但是接受是什麼？經驗姊姊自殺的漫長悲傷旅程，使我不認為有誰能可以真正到「接受」的程度。「接受」是自帶有認可的意味，但我從未「允許」她就這樣走了。

適應改變和打擊，是一份終生的工作，悲傷教會我許多東西，在痛苦中的學習與領悟使我變得越來越好。我不會忘記所受的苦，因為它已經變成我生命中的一部份。當我再度回想時，不再是哀慟逾恆而已。然而，我只是領悟到她死了，永遠不再回來，卻仍無法接受如此的事實：一位花樣年華的美麗女孩，獨自承受他人難以理解的痛苦，選擇自十一樓一躍而下。

我只能帶著遺憾的心情祝福她，然後在這樣的情境中，尋找、創造對我而言最佳的生活方式，在悲劇中成長為一個更好的人。也許這是我生活中所能發生最壞的事了，但它還不是我生命的終點。

◆◇◆◇◆◇

由於自己性格多愁善感的關係，我沒有一天能夠倖免，能不想起姊姊。有時我只期待能不能「晚一些」想起她，起碼，在我起床之後，能保有一段心不痛的時間。但我總在出門上班前，需經歷一陣心被刺傷的痛。老實說，我沒想過姊姊自殺後，我還能再活二十五年。

有天早上，我在住家附近，幫住一位身上帶著一堆管子的病人回醫院。夜裡，我請警察幫忙一位酒醉路倒的民眾回家。我發現周遭的人、事、物，都可以輕易地引發我的負向情緒，因此，我無法視而不見。我必須伸出援手，付出愛，來緩解內心的衝擊。

面對素昧平生的陌生人已是如此，更何況面對我心愛的姊姊。我相信，唯有逃避愛，才能逃避悲傷。喜、怒、哀、樂都是同等可愛，且必然存在的情緒。若說要「走出」悲傷、悲傷「輔導」，其實是在對悲傷的情緒貼標籤、污名化為悲傷不好，所以要「走出」來。悲傷不正常，所以要「輔導」。

實際上，人們因為有愛，所以悲傷；因為心軟，所以容易受傷。對我來說，這就是生命的厚度，就是真實的對生命事件回應。專家與遺族這雙重角色的結合，真是不容易。雖然國外有一大票這種人，有機會該好好請教他們。有時我的確是脆弱而悲傷，但這個社會是否能夠容忍一位「專家」有脆弱、悲傷的一面？

對我而言，很多問題，只要別人不問，對我來說都不是問題。我的意思並非逃避不看，而是我接受這樣的狀態，遺留下來的脆弱與悲傷，幻化成一種柔軟與慈悲，這並不會毀了我的人生。我不想說，我很悲傷，需要安慰；也不想說，我很好。因為我可以放心、安心的接受一個曖昧不明的心理狀態，沒有答案也很好。

我有許多其他層面的生活，我的能力、工作、和其他人的關係等，不單單因為二十幾年後的幾行眼淚和被觸動的情緒，就算是悲傷還在困擾之中。若是可以安心地容忍悲傷的情緒，就不需要想著要快快擦乾濕透的淚痕。**不要急著去安慰**，這正是悲傷輔導困難的地方吧！

有時，我想像可以對姊姊說：「姊姊，一路好走。」也想像著聽到姊姊說：「妹妹，走好。」這已經是個讓我滿意的狀態了。有時我覺得自己是幸福的，我何德何能，得到許多人這樣多年循循善誘的教導與疼愛？除去姊姊生命的無限價值之外，我真想說「值得了」，這麼多年的苦都值得了。

傷有多重，傷有多痛，如今我能站在這裡，就表示我也得到相同程度的愛。因此，我要謝謝許多人，用一顆慈悲柔軟的心對待我，看見了我的傷與痛，看見了我的自責愧疚與揪心刺痛。而我不再無助孤立，我有足夠安全的地方可以悲傷哭泣，也有足夠的勇氣可以一再地站起。

但是，可以肆無忌憚的保有自責愧疚與揪心刺痛，也是一種幸福，強顏歡笑才是殘酷的。懂得自己的悲傷，理解自己的傷痛，才懂得尋求愛，也才有愛人的能力。

曾經，我只要一提到凌晨四點那通可能是姊姊打來的電話時都會發抖，總會忍不住的去揣測，姊姊當時打電話的心情。總是會後悔當時沒有接，也總是會因為沒有接到電話而深感罪惡。可是只要我一提起，總是會有人極力的要修理這樣的想法，修理這樣的感受。時間久了，為了別人，我就需要假裝沒事。

沈浸在這個議題裡更久更久之後，其實大部分的時候，我需要的只是一種被接納的感覺，就像我的一位同樣是遺族的朋友跟我講的。他說：

「電話不接就不接了，不管是不是因為這樣子失去生命，姊妹之間不差那一通電話。」

我想，等待被原諒的日子，這樣的心情也是一樣的。只是天地之間，可以容許遺族過這樣等待被原諒日子的人，又有多少？在這段從失落開始的癒傷旅程上，好幾次我感到失望。如果你也有過創傷性的失落事件，那麼該有心理準備，你的親友也許常讓你感到失望。

事實上「失望」是「摧毀」的一種委婉說法。悲傷對那些不哀傷的人來說不僅陌生，還常避之唯恐不及。他們不是不愛你，但他們確實會因為無助而傷害你。例如有時你會發現，當別人問：「你還好嗎？」不論你當下心情如何，「我很好」是最快、也是唯一不被修理的回答。有位人類學家曾說：

「我們慶祝人的誕生，為人們結婚而喜悅，但當他們去世、離婚時，卻裝作什麼事都沒發生。」

因為我們知道在快樂的場合，該說什麼話或該有什麼反應，但不知道對那些痛苦的人說些什麼才好。痛苦使多數人感到極端的不自在，而想要避開。

悲傷是一種感覺，傷心是一份工作。感覺不會自動消失，我們必須工作，來承擔這份責任。當然，每個人的感覺都不同，心路歷程也不會一樣。以下整理六個可能的方向，包括：表達悲傷、放下困惑、同理逝者、告別逝者、創造意義、祝福逝者。希望能有機會協助給需要的朋友，與悲傷一同逆光而行。

表達悲傷

聽到自殺的消息時，多數人的第一個反應是大感震驚。由於自殺通常是非預期性的死亡，手段也比較劇烈，遺族普遍有不真實感，常出現不相信的想法，受到的驚嚇程度，會高於一般自然死亡者的親友。一位自殺者的女兒說：

「在情緒最激動的時候，我覺得大吃一驚，我只是當時覺得很驚訝。」

另一位自殺者的太太則說：

「我沒有想過他可能會自殺，所以很驚訝。我以為就算他會自殺，也不會那麼快，我覺得沒有理由啊！我不知道發生什麼事，我們在電話中談得很好，已經期待再次會面，就要破鏡重圓了，應該是很期待，很期待的，怎麼會發生這種事？」

一位自殺者的母親也說：

「我很像在夢中，有種不真實的感覺。我自己每天醒來，都覺得我好像跟這世界隔著一層紗。當時我沒有感受，只覺得完全傻了。人家講什麼就是什麼。後來的幾天，大概就常常是大哭大叫，那個狀態有點接近瘋狂吧？我真的覺得快瘋了，整個人都失控了，好像世界末日到了。一直很想知道這樣自殺會有多痛。」

另一位自殺者的女兒則說：

「我沒想過他有可能會自殺，沒有，真的完全沒有。我完全沒有想到他會做這種事情，我不覺得他有任何徵兆。我怎麼樣都沒有想到，完全沒有人想得到。所以那時候媽媽打電話來，她很悽慘地一直哭。我們全部都感到驚訝，覺得怎麼會突然發生這樣的一件事情。我陪家人到殯儀館認屍，覺得好驚駭。他（爸爸）看起來沒多大差別，只是變冷冰冰的。天啊！那個是我的爸爸？我一手拿香，一手扶著家人，覺得雙腿無力。」

有些自殺者遺族會經驗到麻木、沒有感覺、愣住、傻住的狀態，也可能持續想像如果這一切沒發生，以「不相信逝者自殺死亡」來維持麻木，避免經歷失落的痛苦。一位自殺者的手足說：

「回到家那個時候，心裡沒有感覺，好像沒有辦法想事情。我覺得很奇怪，就是剛發生的時候沒辦法想自己……。剛開始的時候，好像是有一點麻木的感覺，想像她只是到南部去。一直沒有什麼情緒，很像行屍走肉。」

混亂與麻木常與驚嚇同時存在，許多遺族感到手足無措，只能聽從他人的建議，別人怎麼說，就怎麼做。

有些遺族是過度為家人著想，急於想要安慰家人，甚至認為照顧家人是最重的的事情。一位自殺者的女兒說：

「許多後續的事情，不管是警方啦、打撈啦、喪葬事宜、驗屍，這些突如其來的事情，讓我們家整天都亂糟糟的。喪葬的事我們該做，但我們也不懂，人家說這時候該搭靈堂啦、該去冰櫃拜拜、該去跟他念經，我們就去做這些事情。」

一位自殺者手足說：

「剛發生的時候不太能想事情，只是在想我爸爸的感受。我覺得他應該是最傷心的，所以我去安慰他，剛開始的頭一兩天，都不會想到自己。」

一位自殺者的太太說：

「人在六神無主的時候就是很無助，我就會想說，只要是對女兒有幫助的就會去做，我女兒對父親自殺死亡這件事情的反應，好像沒完沒了，甚至不想唸書了。所以我最大的困擾就是擔心女兒。有人說我擔憂的太過，我好像擔憂到超過界線了。」

一位自殺者的女兒也說：

「爸爸自殺之後，媽媽整個外在的樣子，讓我覺得很可怕也很害怕，因為人整個都變了。媽媽的反應讓我覺得害怕，不知道怎麼安慰她，怎麼安慰都沒有用。我自己好像沒有什麼激動，只是覺得很恐懼，擔心我要怎麼讓媽媽趕快恢復。因為媽媽那時候整個人好憔悴，就很苦惱要怎麼樣讓她不要停留在那個情緒跟那個環境裡。我也很擔心會不會隔天起來我媽也去死了。」

有些遺族可能因為過度驚嚇、混亂、來不及反應而「壓抑」自己的悲傷反應。有些是把重心放在家人身上，就難免禁止、壓抑自己的悲傷。

「表達悲傷」對震驚、否認、混亂、痲木、困惑、不真實感、不相信等悲傷反應有幫助。一位自殺者手足說：

「我聽同學說，她奶奶過世了，她很生氣地在他奶奶的墳墓前說，您為什麼都不來看我。我覺得那就是我的感覺。我就複製這樣的方法，我也去大喊說，妳為什麼不回來看我，那時候我知道這是憤怒，這是生氣沒錯。」

遭遇親友自殺死亡，就像其他災厄一樣，需要一段時間好好談一談，好讓遺族表達內心的感受。自殺者遺族可以藉由身體層面的自我照顧，感受到舒適和溫暖，更進一步貼近自己的其他悲傷感受來瞭解：「我到底怎麼了？」

閱讀悲傷經驗相關的書，聆聽感人的音樂、看一部感人的電影、電視劇，只要停下心來體會究竟是哪些文章、句子、歌詞、情節觸動到自己的心境，都能幫助釐清與覺察自己的反應。

另外書寫、訴說、以及尋求陪伴、支持、宗教信仰、專業協助等調適方法，也都有助於悲傷的表達。

放下困惑

除了悲傷以外，自殺者遺族另一個最顯著的反應，就是「困惑」。許多遺族打從聽到逝者自殺的消息起，就有許多的疑問：

發生了什麼事情？

為什麼要自殺？

如果我做什麼或不做什麼，就不會發生了？

為什麼有困擾不告訴我？

為什麼要離開我？

自殺之後去哪裡？

親人是不是下地獄了？

◆◆◆◆◆◆

這些困惑常表現在一連串的感覺、認知、行為反應。在感覺方面，遺族覺得恐懼是因為擔心逝者死後的狀態，不知道未來該怎麼辦？又害怕無形的力量以及遺傳，可能對自己和其他親人造成影響。在認知方面，遺族的困惑包含對自殺事件一無所知，特別是未成年遺族。一位自殺者手足就表示：

「事實上我不知道什麼事啊！只知道她自殺啦！」

另一位自殺者子女則說：

「有時候我覺得自己是殺人兇手，我一直想著，是不是我能做些什麼？是不是如果那時候我聽話一點，可愛一點，那這件事就不會發生了？」

遺族常常需要探究自殺事件的細節，包含：逝者自殺的動機、自殺事件的線索、逝者自殺的景象、遺體、逝者自殺時的狀態、逝者目前的狀態。一位自殺者的太太說：

「他沒有理由啊！到底是為什麼事情呢？我非常納悶啊！有什麼過不去的？為什麼？為什麼就不能再忍一忍，到底什麼事情讓你這樣子沒有辦法承受？我不瞭解為什麼他會自殺？究竟是發生了什麼讓他去自殺？」

另一位自殺者的手足則說：

「我在那個環境一直找『線索』，到處找來找去，看會不會有一些藥罐，或是有人推她下去什麼的，就一直在房間裡面找，然後都沒有。後來我到一樓，看看每一台車子底下有沒有什麼東西掉到下面？也一直很想知道這樣自殺會有多痛？身體會變成什麼樣子？會是什麼表情？」

無法找到答案的遺族會產生無力、無助感，親人間彼此的溝通也變得曖昧。遺族也會因為內心的愛恨交織、悲喜交錯感到困惑。

遺族沒有機會詢問逝者，為什麼有困擾不告訴我？為什麼要離開我？這樣的困惑引發強烈的被拒絕感、被遺棄感。這些困惑可能形成「尋找」的危機，有些遺族終其一生都在竭力的尋找答案。

◆◆◆◆◆◆

由於自殺常被視為是可預防的死亡，也因此增加悲傷的時間與強度。自殺者遺族常常認為自殺是可以預防的，這樣的死亡不該發生、不是不可避免，這樣的想法往往驅使遺族耗費許多時間與精力來搜尋死亡的因果關係。

這包含：確認責任歸屬（這是怎麼發生的？）、建立自殺的意義（為什麼要發生？）兩種主要的心理反應。

逝者自殺有什麼意義？這是主觀認為死亡可預防的第二種心理反應，既然不該發生，那麼為什麼要發生？這部分在「創造意義（第一百八十八頁）」的單元中有更完整的探討。

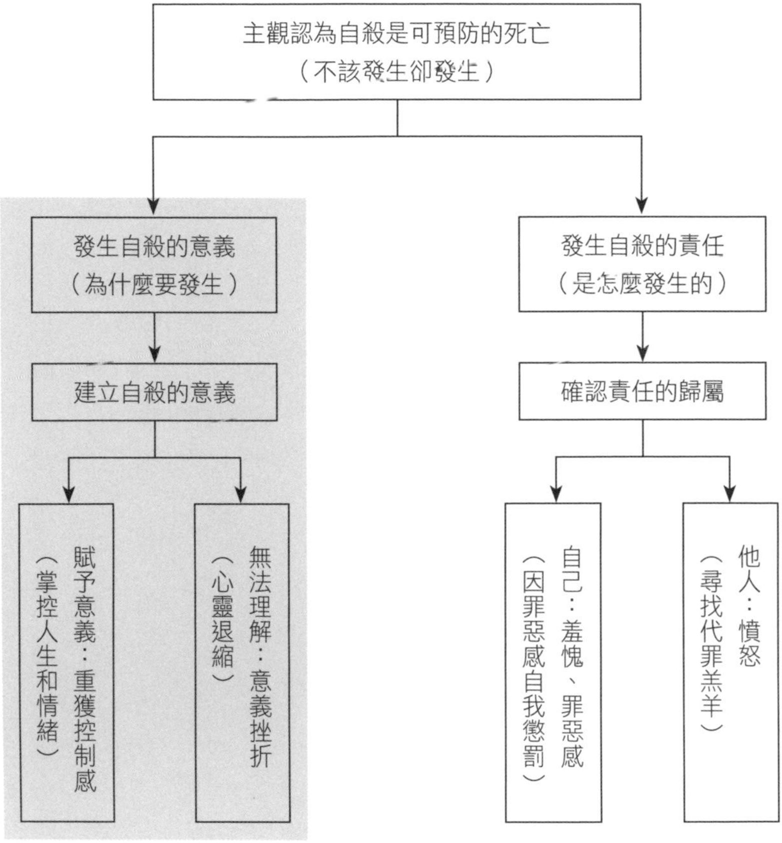

圖1　主觀認為可預防的死亡所引發的複雜性悲傷反映

自殺者遺族探究細節，是為了得到更多蛛絲馬跡，以回答「逝者自殺的動機」以及「責任歸屬」很可惜遺族找到的通常是沈重的打擊，因為逝者在生前很難釐清自己的痛苦，更何況要想起別人。也可以說，如果逝者生前有能力擺脫自己的混亂與痛苦，還能夠理性的思考，想起周圍的種種支持，那麼他就不會自殺了。

有些遺族對自殺事件描述的鉅細靡遺，但實際上自殺者遺族無法得知這些細節，這些描述往往是經過多年「尋找」的結果。

一位自殺者的太太說：

「他當時一定是先回來把證件放好，然後走到……再去到……有推門進來，看看某個親人，然後……」。

逝者自殺前的行為，對遺族而言是神秘且重要，因那是逝者落幕前的最後一刻，就像一部戲的完結篇，遺族無法參與，來不及說再見。許多遺族會經歷不斷的「尋找」而阻礙悲傷反應。

一位自殺者手足說：

「一直很遺憾……一直在想，如果當時接到電話衝回去，我應該看到這些吧（自殺現場），有種感覺是姊姊落幕的時候，我沒有在場。」

許多遺族學習到自己的困惑難以理解，明白無論如何探究，都不會有一個令自己滿意的答案以後，會漸漸放下這些難以理解的疑問，雖然也許心中還是困惑，但不會再耗費許多精力去探究。有些遺族則是透過閱讀與學習，慢慢明白自己永遠無法去解釋逝者為什麼決定要自殺，就算能區辨出逝者自殺的原因，也改變不了他自殺前的任何事情。

有些自殺者遺族，則是藉由改變自己對於死亡的看法，期待與逝者能再相遇，因此，願意暫時放下心中的困惑，我要「改天再問他」。一位自殺者手足說：

「我覺察到，不管找到什麼都不會滿意，我不可能看到他自殺的樣子，所以問再多還是不會滿意，自然就不會再一直問，在這個過程可能也得到一些滿足吧！」

一位自殺者子女則說：

「我後來發現這些來龍去脈，怎麼樣找都不會完整。我試著去聽一些親屬對爸爸的形容，每一個親屬有不同的形容。我知道他們看見的是不同的面相，誰也沒有辦法看清他全部的面相，包括我自己。」

自殺者遺族若能夠感同身受逝者生前所受的痛苦，也比較能放掉一部分難以理解的困惑。一位自殺者的母親說：

「我體會到他所感受的衝突會是多大，這可能是無法承受的。在那樣的拉扯之下，我也會想要去死。所以好像我體會到他在死前的那種痛苦，比較不找原因，可能也跟這有關。」

◆◆◆◆◆◆

大部分的自殺者遺族，經歷漫長的困惑以後，都能完成「放下困惑」的任務，放下難以理解的困惑，就可以繼續完成悲傷的任務。但是，無論經過多長的時間，還是難免會來來回回地受困在惱人的「困惑」之中。儘管如此也無須氣餒，懷抱困惑的日子會越來越短。持續探究困惑的行為即使不會有令人滿意的答案，也不會是徒勞無功。

探究的本身，就有助於放下困惑，有時候探究的過程是必須的，自殺者遺族需要不斷的探究來暫緩內心的痛苦。暫時無法放下困惑也沒有關係，有些遺族在探究的過程中，也能逐漸達到滿足或者願意放棄。

以我自己為例，我明白很多困惑沒有答案，但是，偶爾還是會陷在裡面。有一次在準備研討會發表論文的時候，因為長時間沈浸在自殺者遺族的悲傷主題裡，當時的我很難受。問我同學：

「該怎麼辦？我還是很想知道為什麼？」

他回答我：

「也許有一天，你可以到天堂去問她。」

當下我覺得釋懷很多，並且可以容許自己偶爾帶著困惑也沒有關係。

同理逝者

憤怒與罪惡感，是自殺者遺族悲傷反應的一大特徵。為了確認誰該為自殺事件負責，自殺者遺族可能將矛頭對準自己或他人。認為是他人導致逝者自殺的遺族，會耗費許多心力尋找代罪羔羊，因而引發悲傷的延宕（距自殺事件一段時間之後才出現悲傷反應）。

怪罪自己和怪罪別人是兩種極端，多數遺族是合併二者，只是程度上的輕重不同而已。有些遺族認為逝者自殺是針對自己，會反覆思索：

「為什麼他還在這個時間（跟我吵架之後）、這個地點（我家）？」

「他為什麼這樣對我？」

也有遺族對逝者感到憤怒，因為逝者造成自己或其他家人被誤解，逝者的自殺彷彿是對社會大眾控訴著：

「我的家人對我不好。」

對自殺者子女來說，最沈重的打擊是被遺棄，因為一般認為父母對子女有養育的責任。關係親密但在逝者的遺書當中未被提及的遺族，會因為強烈不被重視、被拒絕的挫折而引發憤怒，甚至認為自己在逝者心中根本毫無地位，所以逝者才會無情的遺棄和拒絕。

由於自殺是拒絕人最終極的方式，遺族可能會選擇先拒絕別人，藉以避免再次被遺棄和被拒絕，於是在人際之間不信任，甚至阻斷親友之間的關係。有些遺族也會對逝者的自殺行為感到氣憤，認為逝者自殺是幼稚、讓家庭破裂、不珍惜生命的行為。另外，親友的行為反應也會對遺族產生一些情緒影響。

「他們沒有回應，無法感同身受。」

「他們要求我快快走出悲傷。」

「他們不關心我。」

◆◆◆◆◆◆

葬儀社對自殺死亡者的草率處理、批評（或提倡）自殺、探詢逝者八卦的社會大眾言行，甚或從事自殺防治的工作者、醫療機構的專業人員，都會讓遺族感到不滿。此外，親人自殺常帶會給遺族家庭環境與經濟方面的改變，進而影響他們的自信、價值觀與生活品質，這些失落都造成遺族心中忿忿不平，而有不甘心的感覺。

自殺者遺族的憤怒，也有來自於罪惡、羞愧的認知，他們常認為自己應該察覺自殺者的自殺徵兆、阻止自殺行為的發生，許多遺族終其一生一直都會抱持著罪惡感。

遺族的悲傷反應在某種程度上會維持約十五至二十年，甚至隨年齡而升高。複雜的憤怒與強烈罪惡感，也可能導致悲傷複雜化（悲傷反應不單純只有悲傷，還出現了其他的狀況，例如：自己本身也企圖自殺），這就是「怪罪」的危機。他們常隱藏自己的感受，或是不承認情緒感受，於是陷入痛苦。

◆◆◆◆◆◆

「同理逝者」是自殺者遺族的重要工作，遺族如果能同理逝者，尊重逝者的選擇，相信自殺是他當時唯一的方法，感同身受其難以言喻的痛苦，遺族相對地就不容易怪罪自己或怪罪別人，也不再需要確認責任歸屬。

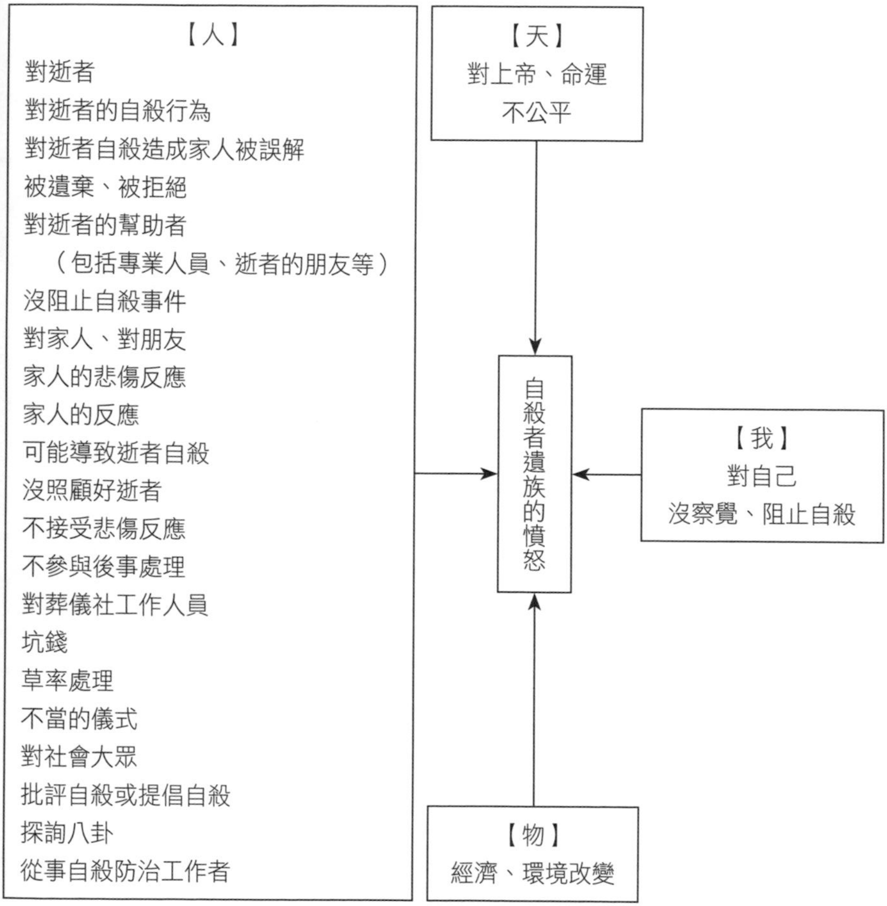
【人】
對逝者
對逝者的自殺行為
對逝者自殺造成家人被誤解
被遺棄、被拒絕
對逝者的幫助者
（包括專業人員、逝者的朋友等）
沒阻止自殺事件
對家人、對朋友
家人的悲傷反應
家人的反應
可能導致逝者自殺
沒照顧好逝者
不接受悲傷反應
不參與後事處理
對葬儀社工作人員
坑錢
草率處理
不當的儀式
對社會大眾
批評自殺或提倡自殺
探詢八卦
從事自殺防治工作者
【天】
對上帝、命運
不公平
自殺者遺族的憤怒
【我】
對自己
沒察覺、阻止自殺
【物】
經濟、環境改變

圖2　自殺者遺族的憤怒

「看見」與「同意」逝者的痛苦，是一個方法。有些自殺者遺族願意接受失去逝者的事實，是因為想到「如果逝者死亡了，就可以不必再痛苦。」

很可惜的是，並非所有的遺族都能完成這樣的任務，畢竟要去同理一位自殺的人，不是一件容易的事。

周圍的親友、媒體、社會大眾，依舊很難避免以負面的方式看待自殺。要是遺族不斷聽到「自殺不該發生……」或是「自殺可以預防……」，就很容易再度感到罪惡與責難的危機之中。即使逝者以劇烈的手段自殺（例如自焚、臥軌等），或者經過漫長時間的計畫自殺（例如努力做復健讓自己有能力自殺），遺族仍然很難去同理逝者的心意。

剛開始的幾年，我總認為姊姊是因一時衝動才自殺，覺得這樣自殺的行為好可惜，然後傻傻地盼望死能復活的奇蹟。我也常坐在十一樓的陽台上，思考：「人怎樣才能跳下去？」

後來我在急診室接觸許多以割腕或服安眠藥企圖自殺的人，學習以各種方式評估人們的自殺意念有多強，掙扎多年後才讓自己相信：

「這是她規劃已久，滿心期待的吧！她真的很想死，那是她要的。」

所以，她才可以從十一樓跳下來。

我這樣寫，必定會被部分自殺防治的工作者認為，我是在「鼓勵」自殺或認為自殺是「很有勇氣」的行為。實際上我不是，我比任何人都希望世界上永遠不要再有人自殺。只是對自殺者遺族來說，事情已經發生，摯愛的親人已經死了，就請容許我們在心中保留一點空間，接受「有些自殺是不能防治的」。

沒有任何人有錯。

告別逝者

許多遺族害怕忘記逝者，不容自己好好過日子，陷入漫長的憂鬱；有些遺族透過物質濫用、沈迷於網路或電視逃避內心的痛苦；有的遺族在受到親人自殺的驚嚇之後，出現不敢入睡或容易驚醒。

一位自殺者的手足說：

「半夜會嚇醒，幾乎有十幾年的時間聽到聲音都會跳起來。我看我應該是PTSD（創傷後壓力疾患），因為書上寫的那些症狀我都有。」

憂鬱的表現大多數只是過渡的現象，特別在失落事件發生的第一年。許多悲傷和憂鬱的徵候很類似，而悲傷也可能發展成嚴重的憂鬱。憂鬱和悲傷都有失眠、食慾障礙，以及其他強烈悲傷感受的典型症狀。

然而兩者最主要的不同是，一般悲傷反應不會像憂鬱般，引發自我價值低落的感受，喪親者很少因為失落而貶抑自己，即使有，也是短暫的感受。而且喪親者若有愧疚感，也是和失落的某一層面相關，而不是牽連到生活中的各種情境。

若是悲傷引發中度憂鬱，則被認為是複雜性的悲傷反應，也就是陷入悲傷歷程中「憂鬱」的危機。

◆◆◆◆◆◆

「告別逝者」是悲傷的重要工作，然而告別不意味著忘記。事實上自殺者遺族終其一生，除非智力受損，絕不可能忘記自己的親人。但有些遺族會有害怕忘記逝者的想法，因而懷抱悲傷。自殺者遺族也常有這種現象：「為證明自己還很愛逝者，覺得若自己有自在、歡樂的感覺，就是背叛逝者。」

也有些人因為失落太痛苦，而決定不再去愛人。對許多遺族而言，這是難以完成的任務，他們的悲傷停滯於此，產生適應困難或憂鬱的狀態。這種一定要哀慟逾恆的共同迷思，讓遺族不容許自己好好過日子，連笑都覺得罪惡。甚至陷入輟學、失業、酗酒、自我戕害的「憂鬱」危機。

事實上，持續悲傷不等同於還愛對方，即使遺族無法將精神和情緒從逝者身上挪開，卻可以找到紀念、懷念等其他與逝者連結的途徑，而不阻礙生活。當遺族回到正常的生活軌道，就能減少劇烈與慢性化的複雜性的悲傷反應。

就像好友洪晴晴的〈致這樣離去的你們〉所寫：

一盤棋只下了一半，
你就儼然宣布不玩了。
你要到那寂靜未知的天地去，
用千萬人無法理解的姿態。
用繩子用火舌用刀鋒
用苦味的藥丸
用一躍的飛翔。
你終究沒有回頭。

把心燒成焦黑的等待也是徒然。

況他們心心念念聲聲盼。
啊，吾愛。
你怎忍心看愛你的人心碎成灰？
那一夜枯槁的白髮也因你淚垂。

「這一切終會過去！」
儘管他們都這樣說。

但，多少空寂的夜裡，可知？
愛你的人依舊在彼岸，
痛苦的呼喚。
你的身影、你的形貌、
你的笑容、你的點點滴滴。

「這一切也終會過去」

我還是要這樣說。儘管，
悲傷的長廊是那樣漫長曲折，
驚險荒寂。
在經歷無盡寒暑的相思之後。
我依舊相信，
真摯的愛讓你的靈魂不朽。
而昇華的淚終令我們得見，
濃霧背後的微光。

創造意義

有些自殺者遺族在逝者自殺之後，難以賦予自殺事件意義，於是將自殺事件視為隨機發生，純粹天意。如此，自殺成為一種自然的死亡，遺族看起來沒有強烈的悲傷反應，無須找人負責，也無須自責，逝者自殺的動機對他們來說，已經不是問題。

與其他遺族比較起來，將自殺視為天意偶發死亡的遺族，顯然更快樂些。一位自殺者手足就說：「我能瞭解他的痛苦，覺得他這樣自殺是合理的。」

然而，這樣的認知過程往往潛藏著危機，因為遺族會有過一天算一天的想法：「反正未來變數太多，可以掌控的部分少得可憐。」

如果死亡的責任在自己，好像事件還在自己的掌控之中，比起純屬天意來得容易應付。自責是維持「明天世界會一樣」這個信念的代價。

◆◆◆◆◆◆

「創造意義」是自殺者遺族第五個工作，但是自殺有什麼意義？為什麼要發生？竭力創造逝者自殺的意義，會使遺族努力重獲控制感；但也可能會過度操控，生活變得戰戰兢兢，或強迫投入自殺防治的工作行列，禁止自己表達悲傷。

這不是件容易的事，畢竟要為「自殺」創造意義有其困難。對有些人而言，生命的意義已難創造，更何況是自殺的意義。然而，我所接觸過的自殺者遺族中，多數都能在親人自殺事件中發現自己正向的轉變，進而完成創造意義的任務。一位自殺者的母親說：

「我知道我唯一的出路，就是把這個痛苦轉化為知識。假設我沒有成為治療師的話，我覺得用任何其他方式活下來，都有一種很空虛的感覺。我覺得我的生命不能夠只是活下來就好，而是要為了什麼活下來。成為治療師，是讓我可以滿意的狀態。我期待自己能夠有不一樣的價值。而這個經驗是很寶貴的。

另一位自殺者的手足則說：

「看到自己的轉變，雖然失去很多東西，但是性格也在改變，可以很敏感地去察覺到別人的悲傷、不怕眼淚、不害怕接近死亡。就算走在黑暗的谷底，黑暗也還蠻漂亮的。這是自在吧！她自殺之前，我沒有這種自在的能力。就像陪其他的遺族、跟想要自殺的人相處。這讓我在這一個傷口上找到意義，那不見得是人生的意義。」

◆◆◆◆◆◆

走上療傷之路，沿途會有「失」，也會有所「得」。有些自殺者遺族會發現，自殺事件後不僅帶來悲傷，也帶來其他的轉變。例如：擁有較高程度的敏銳度、理解力、慈悲心和對人對己的寬恕心。有些自殺者遺族，會因為經歷自殺事件而開始思索生命的目的與價值觀，不再渾渾噩噩的度日，對生命有較多掌控；有些遺族會改變自己的生涯抉擇，從自身的經驗中找到自己獨特的價值，轉而從事助人者的工作。

《但是我還沒有說再見》（But I Didn't Say Goodbye）作者Rubel，遭遇父親自殺後，投入自殺者遺族悲傷輔導領域，現在是美國知名的心理健康顧問，她用自身經驗教導為人父母及專業助人員，協助孩子面對親人自殺死亡之慟；Linn-Gust的姊姊自殺後，她開始研究自殺者手足的悲傷歷程，二〇〇〇年在美國自殺學會發表演說，著有《Do They Have Bad Days in Heaven ?》一書；Carla的先生在一九八九年自殺身亡，她現在從事自殺者遺族的研究，並且在美國及加拿大帶領遺族支持團體。

相關的例子不勝枚舉，國外許多研究自殺者遺族的學者專家，或出版相關書籍的作者，幾乎本身都是自殺者遺族。

然而許多自殺者遺族容易在「創造意義」的任務中，遇到意義挫折（找不到自殺事件的意義）。有些實際上的困難，在於一位自殺者遺族，即使有能力，只要沒有相關學歷與證照，就無法在目前台灣現有的相關機構服務。再者，即使是擁有學歷與證照也很難，因為我們目前根本沒有專為自殺者遺族設立的服務機構。

從單純的遺族，轉換成為一位以助人者形象出現的遺族治療師，其轉換的過程是一路都在準備、學習的，當中也會有許多阻礙，要到達和解，確實不容易。因為很多遺族在痛苦中，需要從幫助別人中找到意義，好讓自己繼續活下去，但這當中會有許多衝突點與疑慮存在於要達成目標、完成使命與做原先的自己之間。

◆◆◆◆◆◆

在我的悲傷歷程中，身在谷底的時間很久，轉化的過程就像沼氣，一直不斷、慢慢地醞釀，直到有足夠力量時才展現出來。但有些人不是這樣。有些人在自殺事件發生後沒多久，就開始會立馬想要產生轉化，想要很快地做些什麼來超越目前的處境，為自己找一條出路。

然而這樣的過程，無疑是在壓抑內心劇烈且複雜的情緒。有時我甚至會擔心，當自殺者遺族這個議題被重視，遺族受到初步卻不夠完備的照顧時，也許更難有長足的機會去表達情緒。

「幫助別人就能走出傷痛」，聽起來或許有道理，但這是有潛在危機的。我曾見過一位遺族非常急於助人，努力想掌控一切，考試、讀書、借場地、成立協會。直到自己累垮了，仍不斷想做好每件事情。他認為這是逝者希望他做的，認為這是為逝者而做的，他不斷的想補償、彌補，所以他無法休息。也有很多遺族創造意義的過程中，為回應這些不可改變得命運，於是讓自己非得要關注自殺。

找也走過這段路，那幾年的時間，我瀏覽數十萬篇與自殺相關的網頁、書籍、文獻。當然，悲傷的展現有許多面貌，與原先的性格有很大的關係。值得思考的是：

「這是我們要的生活嗎？」

「這樣就圓滿了嗎？」

如果這不是自己要的而硬是要這樣做，實在太折磨自己。因此，我們想特別呼籲的是：在發生自殺事件之後，要多給自己幾年沈潛的時間，千萬不要立即為自己的人生定下一種終極意義。找意義固然重要，但並不是非要一個「終極意義」，並不是一定如何做才能回應自己獨特的遭遇。

我們的人生中遇到了自殺，但自殺不一定非要是我們人生的主角。

祝福逝者

自殺者遺族悲傷反應的第六個特徵是「緘默」。

遺族的傷心、難過、心疼不捨、憤怒、被遺棄、拒絕感、羞愧感、罪惡感、孤獨感、恐懼等通常不會輕易消失，為了平復情緒，回到正常的生活軌道，自殺者會經歷孤獨的危機。有些遺族家庭會出現曖昧溝通，家庭成員們仍然傷痛，但是再也不提起逝者自殺的事件。

為了避免悲傷，有些遺族會陷入多年的緘默（強烈的罪惡感及羞愧感）；有些則投入工作來逃避內心的痛苦。緘默的原因，可能是敢告訴他人親人自殺，也害怕被指責是自己造成逝者自殺。

持續的逃避與緘默，使得遺族陷入孤立無緣的窘境，孤獨感變成最主要的感受。一位自殺者的太太說：

「時間可以淡化一些傷痛。但是第二年以後，是在獨處的時候比較會覺得孤單。」

一位自殺者的手足說：

「家裡的氣氛變得很詭異，不知道該怎麼形容。悲傷，怕家人擔心；快樂，又覺得不應該。大家好像都戴著面具在互動，看不到彼此的喜怒哀樂，每個人都把情緒埋得很深。這樣的日子維持有三、四年吧！那段期間，好像有什麼事情定在那裡，沒有任何進展，也完全沒有變化。」

家庭遺族經歷長時間的緘默，甚至全家就此絕口不提，這樣的狀態稱之為「冰凍」。持續未處理的冰凍狀態，會影響到遺族生活的各層面而不自知。有些遺族出現警醒，不敢入睡；有些則失去信任感，無法和他人建立長久的關係；有些會戰戰兢兢地過生活，或者持續沈溺於電視、網路等。

在逝者自殺以後，緘默是對付強烈的罪惡感和憤怒的王牌殺手。然而凍結的悲傷使得自殺者遺族無法修通（Working through）度過哀悼期。如果憤怒與罪惡感不是用口頭表達，則會以其他形式發洩這些痛苦。

大部分的自殺者遺族其實是被動緘默的，有兩個主要的原因，其一是「親友走避」；其二是「難以招架的詢問」。

對許多人來說，要面對一位喪慟的人，不是一件容易的事，因為會不知道該說什麼。由於社會多數視自殺為一種禁忌，一般人根本不願意或者不知如何與自殺者遺族接觸。

因此，遺族的親友紛紛躲避，使遺族陷入更孤立無緣的地步，遺族在悲傷調適的路上往往走得非常孤單。一位自殺者的女兒說：

「這麼多年了，從來沒有一個人問，好一點了嗎？」

外界的好奇與探問，常引發自殺者遺族的憤怒反應。許多自殺者遺族為了避免他人的詢問，會隱瞞死因、不提逝者或是選擇沈默。

「是什麼原因啊！」

「怎麼那麼想不開呀！」

「哎呀？什麼會這樣咧，那不是好好的嗎？」

這些探問往往讓遺族難以招架。畢竟造成自殺的原因很多，遺族不願意簡單的回答一個非理性的原因，但是一連串複雜與混亂的糾葛，使得他們即使不選擇沈默，也不知該怎麼說，不知該從何說起。

其次，確認責任的歸屬，引發自殺者遺族罪惡、羞愧、憤怒、低自尊等一連串的痛苦反應，自殺者遺族耗費很多能量，才可能放下難以理解的疑問，卻會被一句好奇的探問瞬間翻盤。更何況許多遺族根本無從得知到底怎麼回事。有些遺族於是選擇隱瞞死因，但卻會因為自己的說謊感到罪惡，同時加倍感受「自殺不可告人」的羞愧。

自殺者遺族隱瞞逝者自殺的事實，或者以緘默凍結內心痛苦的反應，會以人際退縮、爆怒等身體、心理其他形式表達悲傷，造成探詢、傷害反應的惡性循環。自

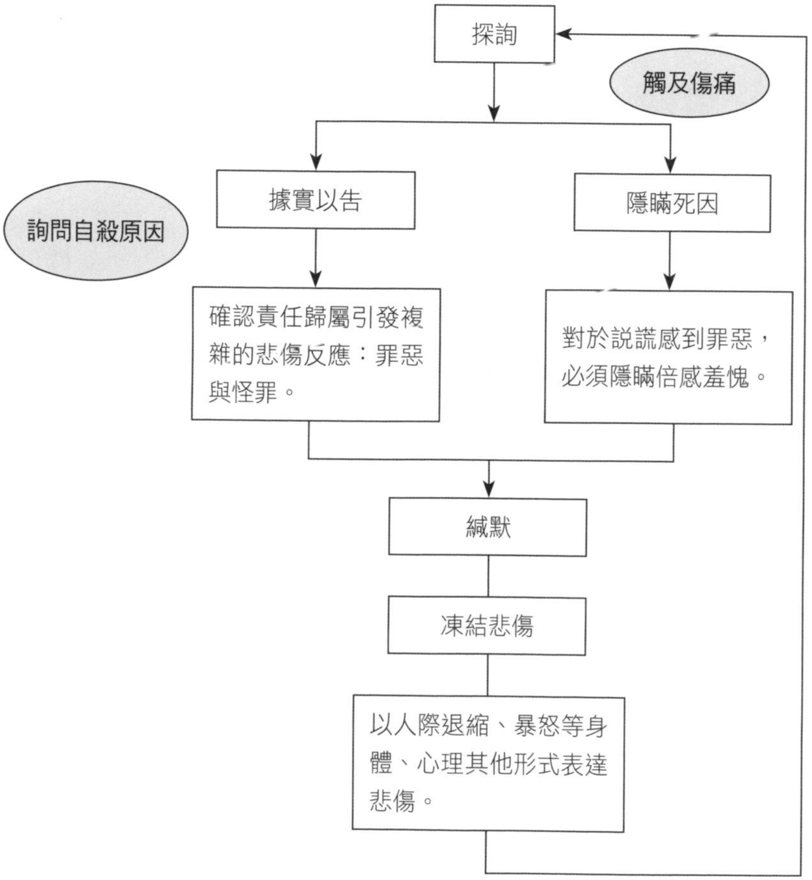

圖 3　探詢引發的傷害反應

殺者遺族會斷決與其他親友之間的關係，來避免探詢引發的傷害。這樣的斷絕與親友的走避，使得遺族的處境雪上加霜。

「祝福逝者」是自殺者遺族最難完成的工作。許多遺族經歷多年的煎熬，依然難以祝福逝者。部分的遺族能夠完成「創造意義」的任務，發現自殺事件對自己正向的影響，並且發揮這樣的特質投注於工作或人際互動中，但依舊無法祝福逝者，他們刻意避免想起或提起逝者，來隔離痛苦的回憶。

無法祝福逝者使遺族容易「孤獨」：包含人際間退縮或緘默以避免他人探問的孤獨、不被理解的孤獨、回憶中沒有逝者的孤獨。

「同理逝者」是達到「祝福逝者」的必經之路。遺族對逝者正向的情感即使很少也需要被提醒，翻新對逝者的記憶與尋找逝者曾經在意、愛過遺族的證據是有幫助的。

當遺族的悲傷達到一個讓自己可以滿意的狀態時，遺族不會害怕去想起逝者，除了可以沒有強烈的罪惡感和憤怒，甚至能帶著過去美好回憶的溫暖來追憶。不必清除所有對逝者的回憶，可以帶著愛與感受來回想逝者。

如果可以同理逝者，尊重逝者的選擇，遺族就不再需要怪罪自己或他人。若明白懷抱悲傷不等於還愛逝者，遺族能夠告別逝者，就能幫助平復正常的生活，不致陷入憂鬱。遺族若能發現自殺事件的意義，則能夠重新掌控人生，也比較不容易絕望。若能祝福逝者，不再害怕想起逝者，就能重新感受與逝者共在的美好。

◆◆◆◆◆◆

悲傷是失落後個人的經驗，是一種持續「發展」的過程，不是事件也不是靜止的。任務的完成需要付出心血與努力，不完全的悲傷可能損害更進一步的發展，儘管悲傷任務的順序不固定，仍有些任務必須完成，例如：要告別逝者一定要先體驗、表達悲傷的情緒。若在尚未感受與表達悲傷之前，就企圖完成投入工作等告別逝者的任務，則有可能「壓抑」悲傷反應，造成悲傷的延宕或改裝。

每一位自殺者遺族所走的療傷路途都不一樣，沒有一條所謂正確的路，療傷之路不會好走，也頗漫長，有時直達，有時曲折繞路，有時一路平坦，有時是峰谷相連。

任務是可以被創造、再檢驗和發展的。不同的任務也可以同時發展，悲傷是一個流動的過程。危機和任務不會同時進行，但會間歇性的搖擺。悲傷任務不必透過直線形式進行，而是可以在時間的進程中間歇性的再被檢視和處理。

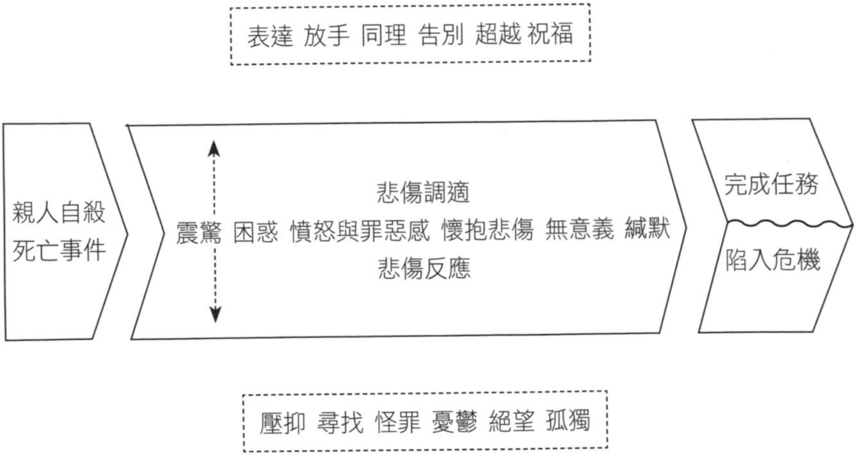

圖4　自殺者遺族的心路歷程

臨床經驗發現，自殺者遺族較常停滯於「告別憂鬱」、「祝福孤獨」兩個主題中，或者困惑於自身的狀態。這些現象都是正常的，畢竟親人自殺的傷痛迥異於常。

悲傷任務的完成需要相當漫長的時間，也可能無法完成而陷入各種危機之中。每個人都有可能只完成部分的任務。經歷不完全的失落適應過程，就像一個傷口，只癒合一部份，沒有完全撫平。或者雖然已經撫平傷痛，但未能得到經歷痛苦所帶來的成長。不過這些都是正常的，我們只是提供一些可以努力的方向：

「悲傷可以到達一個讓人滿意的狀態。」

悲傷是一種最高尚的情緒，是給失落的一份禮物。自悲傷中復原所獲得的最大的好處是，我們克服最糟的狀況並登上頂峰，可以成為一個不同於以往的人，比從前更好。就像洪晴晴老師的〈若一切只如初見〉所提：

若一切只如初見，夜裡我這樣嘆息著。
我懷念，那一間早已積滿蛛網的小房間，
但願，轉廊的鏡子還能映出，
他孤單單上樓的背影，
那一拍不變的步伐節奏。
浴室裡，他做的窗廉，至今原處不動，
路過時我總忍不住嗟嘆：
「他為我們遮擋被窺視的目光，
我們卻何曾保護過，
世人看他的異樣眼光。」

我懷念，他悄然捧出一個一個手塑的泥魚。
他曾期待著我們的親近與稱讚嗎？
我從未跟他說過：
「你捏的魚真好看，怎麼做的能教我嗎？」

那麼，也許他在世的眼光能多份自信欣悅。

那麼，也許我有機會聽見他諳啞聲音中有哀鳴喪鐘在響。

「你究竟有多痛？」

如今我是來不及問了。

願一切只如初見。

那麼在院子裡的龍眼樹未枯之時，

也許我還來得及，

來得及對他說聲告別與感謝：

「謝謝你，再見了。」

這一切，這人生，只如初見。

跋

重生

抱到寶寶的感覺，很完整。
這是我從姊姊跳樓之後，復原到最完整的時刻。

求生不得——不孕症檢查

我們的社會總高調分享孕事，對不孕避而不談；大家會歡喜分享生產經歷，對流產絕口不提。然而不孕和流產，卻是我們都該溫柔理解的巨大傷痛。

為了想要有個孩子，一年內我六次進出開刀房。成為一個母親，對我來說，真的不容易。我在二〇〇九年八月登記結婚，同年的十一月、十二月才分別在員林、台北宴客。那時在美麗的婚紗底下，我的肚子其實都是紗布覆蓋著手術後的傷口，幫我換婚紗的新娘秘書都非常小心。

婚前就知道自己不孕，所以在二〇〇九年九月九日，我挑一個自己喜歡的日期，去看不孕症門診。掛號時，其實心裡很不好受，因為掛號之後，就不能再裝著不喜歡小孩的樣子，不能再假裝自己想順其自然不強求。也等於必須承認，我身體有問題。想不到連掛不孕症門診都令人痛苦。

先生、婆家從未給我任何壓力，並不是非要有孩子不可，是我自己想要。結婚時就已經是高齡產婦的年紀，另有婦產科的大醫師，常常對我耳提面命的叮嚀說：歲月不等人，順其自然等於無疾而終。因此我在求子的路上非常積極，盡全力去配合。

不孕症的檢查，一般是循序漸進地從最簡單、容易、非侵入性方式開始，輸卵管攝影、子宮鏡、腹腔鏡通常是擺在較後面，因為比較麻煩，有些人會覺得不舒服。前二次門診，就把所有簡單的檢查都做完，先生的精蟲分析、驗血、驗尿、超音波。先生的檢查一切正常，醫生說，很夠用啦！不過，他為了保護我，只要有人問起怎麼沒有孩子，他都聲稱是他有問題。

我的部分結果也正常，評估卵巢功能的卵巢庫存量指標AMH (Anti-mullerian hormone) 血清抗穆氏管荷爾蒙[1]，我驗出的結果是4.94ng/ml。醫生說很不錯，所

1 大於2表示卵巢功能還好，小於2表示已經衰退。

以排了輸卵管攝影、子宮鏡、腹腔鏡手術。

子宮輸卵管攝影

網路上可以查詢到許多人分享經驗，有人檢查不痛不痠，沒什麼感覺，也有人痛得哇哇叫。**每個人的身體狀況不同，痛不痛絕對是因人而異，這裡的文章純粹記錄我做輸卵管攝影時的經驗，不代表每個人的感受都如此**。

那天下午，老公請假陪我去醫院，我排第二個。前面的小姐進去時，我一直在想，怎麼會那麼久呢？後來她出來，表情還好，但是走路姿勢就怪怪的。還有心情觀察別人，想來我是不太怕的。

進去檢查室，醫師會先問診，然後解說檢查的步驟與過程。我是使用自費的拋棄式軟管，健保給付的是可以重複消毒使用的傳統硬管，醫師說主要差別在於疼痛感。老公開玩笑地說，我們家再窮，也是要讓老婆用自費的管子。

換好衣服，躺上攝影台。偷偷看一下工作人員，一男一女二位醫師、一位檢驗師、一位護理師。開始覺得緊張，害羞。檢驗師先調整骨盆腔位置與攝影鏡頭，醫師消毒、擴張、撐開宮頸，要把細管放入然後固定。感覺放器械放得好久，似乎一直無法順利固定。過程有點痛，但我皺著眉還能忍。

醫師問：「痛？放鬆一點，妳太緊張了。這鐵做的東西，妳繃得越緊就越痛。」

我沒有回答，沒有說話。放鬆，那是什麼？怎麼放，不知道。

幾分鐘後，女醫師拍拍我的腿，跟我說：「對不起、對不起，不好意思喔！」

接著又由另一位醫師接手。他看一下器械的位置，繞過來床頭跟我說：「這會有點痛，不過妳越緊張會越不舒服的。」然後請檢驗師和護理師往旁邊挪一下位置。他說：「這樣我看不到病人的表情。」

管子放好、固定，被撐得很難受，很痠、很脹、很想吐。咬牙忍著，我一向不太怕痛。接著，醫師從細管將顯影劑經宮頸口送往子宮內。真的好痛！我的眼淚立刻飆出來。像是要把我的肚子撐開似的，漲痛到感覺全身幾乎要裂開，完全無法思考。轉瞬間我已經滿臉淚水。但是我很安靜，沒有發出聲音也沒有動，只是眼淚不受控地一直掉下來。醫師問：「妳還好嗎？很痛？還能繼續？」

然後要我身體向右側移，但我已經痛到沒有力氣移動身體，甚至無法分散注意力去想，右邊是哪一邊？最後不知是誰幫我移動身體，完成第一次攝影。

醫師說要再加藥，我聽了很想直接昏死過去。推第二支顯影劑，比之前更痛。我眼淚不停掉，根本無法控制。皺眉、咬牙、掉淚，還要用力握拳，然後發抖。

唉，我只是想要一個寶寶而已，我做錯什麼事了嗎？

醫師說：「很痛，可以喊出來、可以大叫，但是千萬不要動。我會盡量快點，這樣妳才不會痛太久。」然後，醫師又要加藥。我的天啊，還沒結束耶！我很想喊說，我不要做了，不要了，不要了。藥推進去，我痛到腿不停的發抖，這次不只是哭，我還發出淒厲的叫聲。我拚命死咬住嘴唇，很怕自己不小心就說要放棄。那應該是我第一次，在陌生人面前喊叫。

真心覺得這個過程比手術可怕。手術麻醉退後，只要在最痛的狀態忍住，就會慢慢得越來越好。但是這個不一樣，全程清醒，而且還會越來越痛，彷彿永無止境。

◆◆◆

不知道過多久，終於結束了。但我已經完全沒有力氣。二位工作人員把我從床上扶起來，下床，我回頭看，床上一攤血。檢查室的門打開，老公進來扶我。看到老公，我居然哇哇大哭，很少如此失控、放肆。

老公說：「不要孩子了，好嗎？」

我說：「我只試一次，就讓我做一次吧！」

搭車回淡水的路上，腹部的痛還是一直持續著，雖然沒有像注入顯影劑時那種漲痛，但後續的酸痛也是令人痛到挺不起腰。到了淡水又去急診打止痛，回到家立刻睡了三個鐘頭。

我想，大概是因為我的輸卵管阻塞才會痛得如此厲害，我不太相信一般人能忍受這種痛。隔天要開刀。這要孩子的過程，莫非是大命換小命？

子宮鏡手術

做完輸卵管攝影的隔天就是手術日。辦理報到手續、換衣服、上廁所、接著就準備麻醉。醫師、護士和所有工作人員都很體貼，一直跟我聊天，直到我睡著。所有的其他工作，都在我睡著之後才進行。

後來在自己的哭聲中醒來，護士說已經打了止痛藥，但我沒什麼感覺。回到家才發現身上有很多青青紫紫的瘀血斑痕。肚子有點痛，但是我已分不清是輸卵管攝影造成的？還是子宮鏡手術造成的？

術後回診，醫師給我看子宮息肉和子宮內膜的照片。輸卵管攝影的結果是左邊積水，右邊阻塞。應該是要再開一次刀了。

腹腔鏡

休養幾日後又進手術室。這次開刀前，醫師說會試試看能不能打通或修復，如果不行，會「處理」掉我的輸卵管。這次手術時間比較久，早上九點四十分開始打麻醉，醒來的時候已是下午五點半。我先聽到自己的哭聲，然後聽到護理師說：「我已經幫她打止痛藥了，她還是一直哭……。」我感覺很冷、很渴、很痛。意識模糊。護士又在點滴裡再加一次止痛藥，藥效很快，推完藥二、三分鐘就好多了。但立刻又開始覺得昏沉，然後睡著。

可能因為我有睡夢中愛哭的毛病，所以護理師讓老公進來恢復室陪我。真正清醒時已是晚上。老公很辛苦，坐了一天、等了一天、擔心了一天。而我經歷一場麻醉，就像快轉人生。

肚子持續痛好幾天，上廁所解尿時可以深刻的體會到，原來解尿也需要用到肚子的力量。

輸卵管阻塞

看過許多求子網誌，很多人聽到醫師宣布「輸卵管阻塞」後會在診間當場大哭。但當醫師跟我說，雙側輸卵管阻塞，而且疏通失敗時，我沒什麼感覺，反而認為能找到原因，很好。

我自然懷孕的機率近於零，所以要準備進入試管嬰兒的療程。剛好婚紗公司就在醫院對面，在試婚紗前，先去試管嬰兒室簽同意書。有一次看門診的時候甚至頂著新娘妝髮。一邊結婚一邊做孩子，真是趕進度的人生啊！

試管嬰兒療程

二〇〇九年十一月十八日，開始進入試管嬰兒療程。照超音波、領藥，接著醫師要教打針（當時心裡在想，自己當過幾年護士，應該不太需要學。）醫師叫我把肚皮捏一塊肉起來，然後就把針以四十五度角刺進去，自己推藥。還好，不太痛。只是拿針刺自己，有點下不去手。原來打別人跟打自己還是有一段差距。

整個療程下來，大約打了一百針，其中只有第一針和取卵前的破卵針由我自己打，其他的都是老公代勞。

網路上很多人說，打破卵針很痛。我是在混亂與匆忙之下，硬是自己打的。醫師交代，一定要在晚上九點四十分打破卵針，注射後約三十六小時會開始破卵，醫師會從卵泡生長的大小判斷取卵時間。

要提高試管嬰兒成功率，一定要完全配合醫師的計算與時間點設定。醫師不會完全不可商量，但有可能會影響成功率。在門診時常常聽到病人因為要出差、開會等原因要求提早或延後幾小時、甚至半天、一天。我是全程完全配合，無論是任何時間、檢查、手術、打針、藥物、所有的醫囑完全遵守，絕不討價還價。

我在晚上九點三十八分時拿到單子，在二分鐘之內把劑量算好，再將針刺在肚皮上。但這次居然刺不進去，硬是在持續用力約五秒才刺進去（我終於知道怎麼有人會打針失敗了）。推藥時雖覺得很酸痛，但仍咬牙把針筒推到底，一分鐘也不想耽誤。

取卵

隔天上午七點半到手術室報到，八點取卵。因為有時效性，取卵手術完全不用等，安排好的時間到了就進開刀房換衣服上手術台。不過不知道是不是因為太早，有位工作人員彷彿還沒睡夠，態度不太好，不管要做什麼都不吭聲，還把我的腿向外拉得很痛。醫師跑來說，關節不要這樣拉，先向上抬才不會痛。

麻醉睡醒後，第一句話就是問：「取了幾個卵？」答案是十二個，左邊四個，右邊八個。離開醫院，跟老公去吃午餐，還買了杯飲料，送去給方醫師。整個就是麻醉還沒退，不知死活的表現。到家之後肚子才開始脹痛，跟嚴重一些的生理痛很像。

植入受精卵

取卵之後就有一種奇妙的感覺，牽腸掛肚。身體的一部分，有可能變成孩子的東西，留在醫院，忐忑不安。

取卵隔天，醫院通知總共有七個卵成功受精，醫師判斷有五個胚胎看起來還不錯，建議多養幾天，等到囊胚期[2]之後再植入子宮。等待的那幾天，常常心神不寧，很擔心會全軍覆沒。還好五個寶貝蛋都有好好地長大，最後植入二個囊胚，其他就冷凍處理。

植入受精卵的過程須先喝水，待漲膀胱後在超音波引導之下進行。醫師吩咐盡量不要動，但當醫師和老公聊開後，突然說了句笑話，我忍不住大笑，結果肚子被嚴重震動到。醫師開玩笑地說：

2 延長胚胎體外培養以便挑選一至二顆最優胚胎植入。要將胚胎培養至第二到三天很容易，但要培養至第四到六天就有點難度，但也唯有第四到六天的胚胎比較能辨識它的優劣。受精卵胚胎培養五天後會長至囊胚期（Blastocyst）胚胎。

「我給妳植得囊胚品質很不錯，已經鼓起來了，我要寫在病歷上，如果沒懷孕就是因為妳亂動。」

植入結束後就是等待開獎（驗孕）。等待的日子很不好受，尤其我個性急，植入後第二天就偷偷驗，結果當然是沒有，第四天再驗，還是沒有。到了第六天，想著反正驗孕紙有十幾張，所以再驗一次，結果還是「沒有」。

我開始想像，若都沒有的話，接下來就要休息一個月，然後植入冷凍胚胎。

不久之後，老公看著我丟掉的驗孕紙說：「老婆，二條線耶！」

所以，我應該是懷孕了。居然是老公先發現的。

完整

做試管嬰兒成功之後，我整個孕期算是非常順利。二週後，因為腹水去照超音波，竟意外能看到著床的胚胎。醫師表示，一般這麼早期是看不到的。

我問醫師：「可不可以印一張給我？」

他說：「你們做試管嬰兒這麼辛苦，妳要十張我也給妳。那就可以爺爺一張、奶奶一張、外公一張、外婆一張……」聽著心裡非常感動，眼眶都濕了！

看完診，我坐電梯上五樓，那時自殺者遺族團體仍持續進行著。拿著超音波圖和團體成員分享喜悅。老公說，我們是自殺者遺族，但我們也創造了新生命。

他用「我們」，讓我意外的感動。

雙胞胎

六週產檢時，醫師指著超音波上像個豬鼻子的東西，那是二個著床的胚胎，也就是雙胞胎。聽到肚子裡有二份心跳，覺得相當神奇。我肚子裡有二個寶寶耶！感覺好像歡喜更多一些，煩惱也更多一些。其實從知道懷孕開始，總是擔心大於開心，心裡百感交集，更佩服那些做了許多次試管嬰兒的人。然而每次回診照超音波，聽到如奔馬的胎心音，還是忍不住地偷笑。哇，我們的寶寶耶，寶寶的心臟，頭，小手手，好可愛喔！但醫師每次都會警告一番，現在有心跳，下週不一定有喔！

每天打黃體素安胎直到三個月，拿到媽媽手冊，我從不孕症門診畢業了，試管嬰兒的療程結束，轉回一般的產科。

第一次到產科產檢，看到醫師嘴角揚起一個大大的弧度，帶著非常燦爛的笑容說：「雙胞胎耶，恭喜！」一整個氣氛完全不同。

有一天，忘了當時正在跟方醫師討論什麼事，他說，妳快當媽媽了耶！

「什麼？你說什麼？」

「對啊，妳快要當媽媽了。」

是嗎？那天我開始想，我不只是孕婦，快當媽媽了。接著啟動築巢模式，開始買東西，布置嬰兒房。

有一天產檢時，超音波照得比平時久，醫師的表情有點嚴肅，心裡覺得不太妙。醫師說：「下面那個寶寶心跳比較慢。」再隔一週，醫師委婉地說：「妳可能必須要一個一個生，下面那個寶寶心跳速率只有正常的一半。」然後再隔一週，只剩下一個心跳了。

走出診間，我和老公相視無言，淚無聲掉落。我一定是做錯了什麼。怎麼會這樣？我還沒正式當上媽媽，就死了一個——孩子？雖然我不太希望生雙胞胎，但是我記得很清楚，那天我非常的悲傷，儘管經過多年，每每想起來還是會掉淚。最讓我傷心的是，似乎沒有人承認她的存在，親友覺得我太鑽牛角尖，他們認為那根本不算一個孩子，只是個長壞掉的胚胎，是自然淘汰的過程。

但是，經歷過的人就會知道，這是個說不出口的傷痛。這份情感傷害讓我在生產前，每天不斷重演自責、懷疑、沮喪的情緒。我買了一個聽胎心器，每天早晚聽胎心音，很害怕。我挺著肚子去參加胎兒失落悲傷諮商實務工作坊。

五月母親的淚痕，有誰看見？
失去胎兒的母親，是否傷慟？
未曾擁有便失去，怎樣療傷？

學習紀念不再存在的孩子，尋求安身立命的方法。是，她是我的孩子，她有名字，她叫「依然」，她來過，她是我的孩子。無論如何她依然是我的孩子。

還好除此之外，我仍是一個非常幸福的孕婦。老公每天幫我準備紅豆水，每天幫我按摩，擦妊娠霜。每天吃燕窩、珍珠粉、牛肉……我跟肚子裡的孩子都被養得很好。孩子養大 些、重一些，假若有什麼狀況，存活率也會高一點。

生產

懷孕三十六週的某個週五，醫師表示，除非當週就生，否則很可能會因胎兒過大生不出來。由於只剩一天，判斷下來自然產夢碎，只能選擇剖腹產。

因為發生胎盤早期剝離[4]，所以提早入院，準備剖腹產。

進開刀房之前要先打點滴、插導尿管。躺在病房裡，遇到剛畢業的新手護理師，偏偏我又不是個很容易照顧的病人，一開始點滴打四針都沒打到血管，她不敢再下針，找來救兵後好不容易打上了，但仍滴得不太順利。接著插導尿管，插了三次都不成功，那是場驚心動魄的痛，老公陪在旁邊，一直幫我擦眼淚。然後護理師一聲不吭，把我晾在床上，沒有任何覆蓋，原來她又去找救兵。於是，導尿管成為我一輩子的噩夢。（導尿管拔掉之後發現尿道受傷了，有三天的時間，只要稍有尿意感，就會痛到不自主的不停踢腳。）

後來醫師決定先送去開刀房，麻醉醫師發現點滴不能用，所以再次重打。再來的脊椎麻醉其實不太痛，身體要彎成蝦米狀，從脊椎下針，有種麻麻漲漲的感覺。之後的十幾分鐘時間，麻醉醫師不斷跟我確認麻醉的情形，捏捏大腿跟腰問哪邊痛，或用酒精擦腿跟手問那邊涼。接著我感覺下半身越來越麻。我偷偷想抬一下腳，但抬不太起來，馬上被主治醫師發現。他笑笑地表示，交給他們就好了。其實心裡還是有點害怕，但想到肚子裡的寶寶就勇敢起來，雖然過程中有偷偷掉淚，但都還算鎮靜。

由於胎盤早期剝離[4]，下刀之後流出來的羊水是葡萄酒色的。醫師說：「要把寶寶擠出來的過程會很不舒服，忍耐一下啦！」接著二個人一左一右站在我身體二側，一起用力把我的肚子向下方壓，幾乎是整個人的重量都壓在我身上。每次壓十幾秒鐘，大約壓了五、六次。寶寶頭太大了，所以即使是剖腹產也很不容易。

寶寶終於生出來了。我等了一會兒，沒聽到哭聲。回頭看儀表版，看到自己的血壓在掉，從一百一到一百，到九十，到八十，到七十。然後聽到醫師說，打Ephedrine（升高血壓的藥）原來我的胎盤破了一小塊，殘留在子宮裡，所以持續出血。醫生取出那一小塊胎盤後，出血就控制住了。

麻醉醫師說：「先讓妳睡一下好不好？」

我說：「我不要，我要看小孩。」

主治醫師說：「那讓她看一下寶寶的臉好了。」

護士把寶寶抱給我，看起來紫紫的，眼睛是閉上的。後來老公看到寶寶，只先問一句：「媽媽還好嗎？」

聽說這段影片感動了很多人。

◆◆◆◆◆◆

我被推回病房的時候，已經是下午四點半。老公告訴我，寶寶在加護病房保溫

4 胎盤早期剝離就是在胎兒出生之前，胎盤就全部或部份從子宮壁剝離下來。是妊娠晚期的一種嚴重併發症，進展相當快，若處理不及時，可危及母親和胎兒的生命。

箱裡。新生兒加護病房開放時間是上午十一點跟晚上七點半，一次十五分鐘。大家都要我等到隔天上午十一點再去探望寶寶。我知道大家都是為我好，畢竟剖腹產傷口將近十五公分，如火燒般地疼痛著。

但是，產後的媽媽跟嬰兒之間的連結多麼強烈，其實這時需要的是支持和幫忙，不是阻止。後來直到當天晚上七點半的時間，我都在練習下床，練習上輪椅。我真的做到了！所有的工作人員都說我很厲害，沒看過剖腹當天就下床的，尤其才三個小時。

有一天要下樓看寶寶時，整個病房的輪椅都被借光。老公去護理站詢問，護理長跑來安撫我，她說：「妳放心，我保證等下會讓妳看到孩子，我去找輪椅。」無法及時去看孩子讓我很慌張，護理長那時的保證對我來說，相當受用也貼心。產後第八天，我第一次抱到寶寶，還是在護理長幫忙之下才做到的。因為寶寶身上管子不少，需要整理一番，才能抱到她。

抱到寶寶的感覺，很完整。這是我從姊姊跳樓之後，復原到最完整的時刻。

感謝非常非常辛苦的老公，從我做試管嬰兒到剖腹生產，將近一年期間，六次手術，四十次的門診，老公全勤陪伴。我開刀時，他食不下嚥地守候；我手術後，也照顧我吃喝、擦澡、倒尿。他要照顧家裡的貓咪，還要工作看診……老公毫無怨

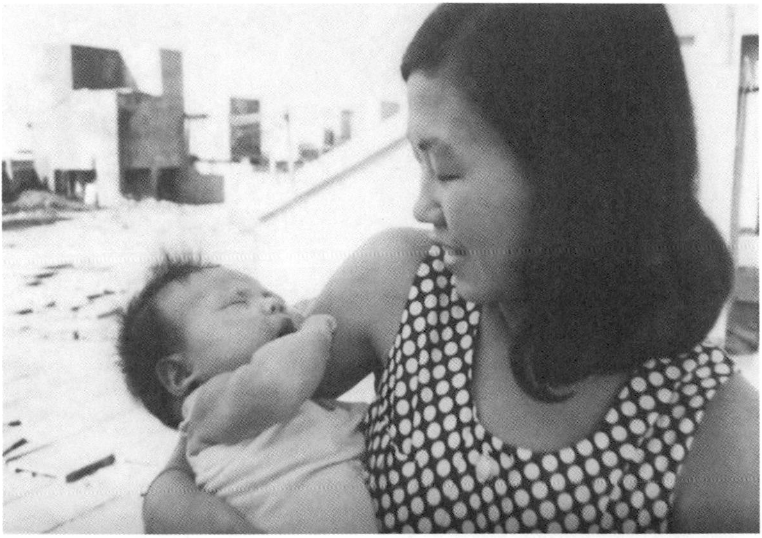

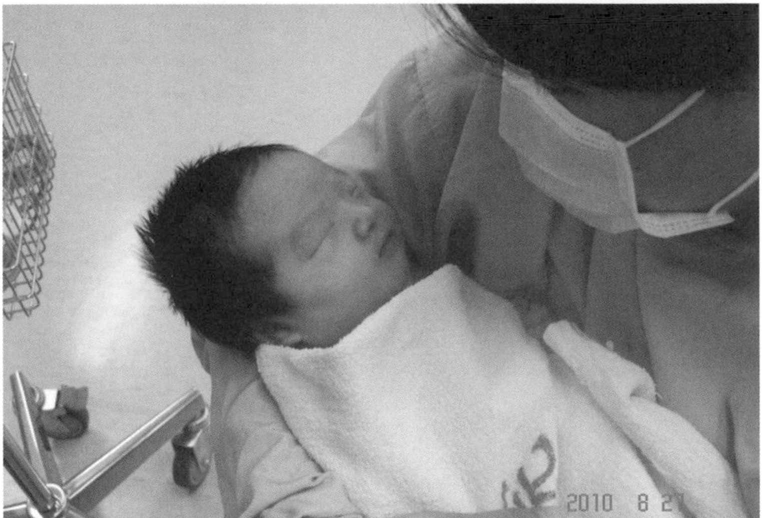

媽媽抱我，我抱女兒。母女之情，傳承延伸永不止息。

（上）女兒三個月大的時候，大腿圓滾滾的，非常可愛。
（下）我住院期間，老公說 等我出院要再帶我去拍一次婚紗，所以拍了這組全家福。

謝謝親愛的老公和女兒用心愛著我，不管多傷、多痛，一直牽著我、陪著我。

國家圖書館出版品預行編目（CIP）資料

生死傷痕：你我還沒說再見 / 呂芯秦, 李佩怡, 方俊凱著. -- 初版. -- 新北市：文經社, 2018.11
面； 公分

ISBN 978-957-663-771-1（平裝）

1.悲傷 2.失落 3.心理治療

176.52　　107016935

文經社

文經文庫 322

生死傷痕：你我還沒說再見

作　　者｜呂芯秦、李佩怡、方俊凱
責任編輯｜連欣華
內頁設計｜菩薩蠻數位文化有限公司
美術設計｜李岱玲

主　　編｜謝昭儀
副 主 編｜連欣華
印　　刷｜勁達印刷廠

出 版 社｜文經出版社有限公司
地　　址｜241 新北市三重區光復一段 61 巷 27 號 11 樓 A（鴻運大樓）
電　　話｜(02)2278-3158、(02)2278-3338
傳　　真｜(02)2278-3168
E – mail｜cosmax27@ms76.hinet.net

法律顧問｜鄭玉燦律師 (02)291-55229

發 行 日｜2018 年 11 月初版一刷
定　　價｜新台幣 280 元